C.H.BECK WISSEN

AF546658

Bald nach dem Kreuzestod Jesu von Nazareth setzte auch die Verfolgung seiner Anhänger ein. Bis in das vierte Jahrhundert blieb das Christentum eine stets gefährdete Religion, ausgesetzt nicht nur polemischen Angriffen seitens römischer und griechischer Intellektueller, sondern auch brutalen Nachstellungen durch die Obrigkeit: Petrus und Paulus sollen in Rom hingerichtet worden sein, von Kaiser Nero berichtet man gar, er habe Christen als lebendige Fackeln verbrennen und damit seine Gärten illuminieren lassen. Andere glaubensfeste Märtyrer wurden den Löwen vorgeworfen oder auf sonstige grauenvolle Weise für ihre Überzeugung bestraft. Das vorliegende Buch erläutert die Hintergründe der antiken Christenverfolgung, berichtet quellennah von Märtyrern und Apostaten, von Verfolgern und Verfolgten und bietet ein Panorama antiker Glaubenswelten, die auch nach 2000 Jahren noch prägend für das Selbstverständnis der Kirche sind.

Wolfram Kinzig ist Inhaber des Lehrstuhls für Kirchengeschichte mit dem Schwerpunkt Alte Kirchengeschichte an der Evangelisch-Theologischen Fakultät der Rheinischen Friedrich-Wilhelms-Universität Bonn und daselbst Sprecher des Zentrums für Religion und Gesellschaft. Er ist ein ausgewiesener Kenner des antiken Christentums und der Theologie der Kirchenväter. Weitere seiner Forschungsschwerpunkte sind die Geschichte der jüdisch-christlichen Beziehungen und die Rolle des Christentums in einer globalisierten Welt.

Wolfram Kinzig

CHRISTENVERFOLGUNG IN DER ANTIKE

C.H.Beck

Mit zwei Karten (© Peter Palm, Berlin)
und einer Zeittafel

Originalausgabe
© Verlag C.H.Beck oHG, München 2019
www.chbeck.de
Satz: C.H.Beck.Media.Solutions, Nördlingen
Druck und Bindung: Druckerei C.H.Beck, Nördlingen
Reihengestaltung Umschlag: Uwe Göbel (Original 1995, mit Logo),
Marion Blomeyer (Überarbeitung 2018)
Umschlagabbildung: Das Motiv – ein Mosaik aus der Zeit um 1180 –
stammt aus der Kathedrale Monreale auf Sizilien und zeigt die
Hinrichtung der Heiligen Bischöfe Cassius und Castus, die durch ihre
Gebete den Tempel des Apollon zum Einsturz brachten.
© akg-images/Andrea Jemolo
Printed in Germany
ISBN 978 3 406 74009 1

myclimate

klimaneutral produziert
www.chbeck.de/nachhaltig

Inhalt

1. Einleitung: Grausamkeit und Faszination der Christenverfolgungen in der Antike

In seinem im März 2018 erschienenen Buch «Die 21» erzählt der Publizist Martin Mosebach von einer Reise nach Ägypten zu den Angehörigen einer Gruppe von 21 koptischen Wanderarbeitern. Sie waren am 15. Februar 2015 an einem Strand in Libyen von islamistischen Terroristen enthauptet worden, die die grausige Tat an den Christen in einem Video festgehalten und später zu Propagandazwecken genutzt hatten. In seinem Reisebericht beschreibt Mosebach die Verehrung der Hingerichteten, die im Augenblick ihrer Hinrichtung die Worte «Herr Jesus» gemurmelt hatten, unter den Christen Ägyptens und stellt das koptische Christentum mit großer innerer Anteilnahme als im Glauben fest stehende «Kirche der Märtyrer» dar.

Das Buch erhielt gemischte Rezensionen. Die einen lobten es als ein Gedächtnisbuch für die Opfer und hoben die große Empathie des Verfassers für die Nöte der Kopten hervor. Andere meinten hingegen genau umgekehrt, der Autor habe gegenüber seinem Gegenstand zu wenig kritische Distanz gewahrt, er habe das Selbstbild der koptischen Kirche übernommen, die sich als Bewahrerin des ursprünglichen apostolischen Christentums inszeniere, und halte dem Westen das Vorbild dieser Märtyrerkirche entgegen, ohne ihre Schwächen hinreichend zu reflektieren.

Das Buch und die Reaktion darauf in den deutschen Medien weisen auf Schwierigkeiten hin, die sich jedem stellen, der sich mit der Geschichte der christlichen Märtyrer auseinandersetzen möchte. Die Standhaftigkeit derer, die für ihren Glauben gelitten haben, ja gestorben sind, hat Menschen immer fasziniert. Sie bietet einen Gegenpol zu den eigenen Glaubenszweifeln und kann gerade dann, wenn der Glaube unter Druck gerät, als Orientierungspunkt im religiösen Leben dienen. Berichte über Märtyrer sind aber genau darum auch in den allermeisten Fällen hochemotional. Sie dienen der Verherrlichung und tendieren dazu, Opferzahlen zu übertreiben, das Verhalten der Verfolgten zu idealisieren und umgekehrt die Bosheit ihrer Verfolger in düstersten Farben auszumalen.

In ihrer literarischen Formung spiegeln diese Darstellungen spezifische Interessen der Verfasser wider: Das kann zum einen eben die Stärkung der Gläubigen in Zeiten der Verfolgung sein; die Hervorhebung *bestimmter* Martyrien kann aber auch darin begründet sein, dass die Autorität und der Einfluss des jeweiligen Ortsbischofs oder anderer Kleriker gestärkt werden sollen. Nicht zuletzt können ökonomische Motive eine Rolle spielen, denn Wallfahrten zu den Schreinen von Märtyrern mit oftmals Tausenden von Pilgern spülen Geld in die Kassen lokaler Händler und Geschäfte.

Berichte über Martyrien tendieren überdies zur Legendenbildung. Sie wuchern gewissermaßen; Wundergeschichten sprießen, die mit den historischen Ereignissen nichts mehr zu tun haben. Viele Darstellungen wurden auch lange nach dem berichteten Geschehen abgefasst und haben aus diesem Grund nur einen geringen oder gar keinen historischen Wert.

Unsere Nachrichten über die Christenverfolgungen der ersten drei Jahrhunderte nach Christus, um die es im Folgenden gehen soll, verdanken sich fast ausschließlich solchen christlichen Quellen. Die moderne Kirchengeschichte muss um der historischen Ehrlichkeit willen diese Tradition der Märtyrerverehrung kritisch in den Blick nehmen. Ich möchte im Folgenden fragen, welche Strukturen, Mechanismen und Entscheidungen in den ersten drei Jahrhunderten dafür verantwortlich waren, dass es zu Christenverfolgungen kam, und wie sich diese dann im Einzelnen vollzogen. Dabei werde ich auch den juristischen Hintergrund der Verfolgungen, ihre konkrete Durchführung, die angewandten Foltern und Strafen und die Frage der Opferzahlen behandeln.

Ferner möchte ich auf die literarische Polemik eingehen, welche die Christenverfolgungen vorbereitet und begleitet hat. Wie sah sie konkret aus? Wer hat sich daran beteiligt? Mit welchen Strategien versuchte man ihr auf christlicher Seite zu begegnen, um sich so zu schützen?

Schließlich sind die Folgen für das christliche Alltags- und Gemeindeleben darzustellen. Dazu zählt der Umgang mit denen, die unter äußerem Druck ihr Christsein entweder verleugnet oder daran festgehalten hatten. Hat man Erstere bestraft? Hat man Letztere verehrt? Welche Konsequenzen hatte es für das Machtgefüge und die Kompetenzstrukturen christlicher Gemeinden, wenn einer neuen Klasse von Charismatikern (den «Bekennern», die in der Verfolgung standhaft geblieben waren und überlebt hatten) besondere Autorität zugesprochen wurde?

Quellengrundlage für meine Darstellung sind – neben dem Neuen Testament und vielen lateinischen, griechischen und koptischen Märtyrerberichten und -akten, die uns auf Papyri und in mittelalterlichen Handschriften erhalten sind – in erster Linie

- die *Kirchengeschichte* des Eusebius von Caesarea (* vor 264/265, † 339), die in mehreren Redaktionen zwischen 313 und 325 entstand und auf zahlreichen älteren Quellen fußt;
- die damit eng zusammenhängende Schrift *Über die Märtyrer in Palästina* (geschrieben in mehreren Versionen 311–316), in welcher derselbe Verfasser Ereignisse aus der diokletianischen Verfolgung beschreibt;
- sowie der Traktat *Von den Todesarten der Verfolger* (verfasst etwa 313–316) des Rhetors, Theologen und Prinzenerziehers Lucius Caecilius Lactantius (* um 250, † 325), der ebenfalls für unser Wissen um die Ereignisse unter Diokletian von besonderem Wert ist.

Darüber hinaus sind aber auch Sachquellen (v.a. Papyri, Münzen, archäologische Befunde usw.) zu bedenken.

Die Christenverfolgungen in der Zeit der Alten Kirche sind ein ebenso grausames wie faszinierendes Phänomen. Menschen haben ihre Mitmenschen aus unterschiedlichsten Motiven mit unfassbarer Brutalität gequält. Die Verfolgten haben diese Qualen mit einem oft übermenschlichen Mut erduldet – und haben sie manchmal auch in einem uns heute sehr fremd anmutenden Verlangen geradezu gesucht. Der Darstellung der beiden Seiten dieses Phänomens, welches immer noch hochaktuell ist, seien die folgenden Kapitel gewidmet.

2. Die Marginalisierung des Christentums innerhalb des Judentums

Voraussetzungen und Rahmenbedingungen

Das Christentum entstand als eine besondere religiöse Gruppierung innerhalb des Judentums. Sie verehrte den Zimmermann Jesus von Nazareth, welcher etwa um das Jahr 30 unter dem Statthalter Pontius Pilatus in Jerusalem wohl unter dem Vorwurf aufrührerischen Verhaltens – der Sache nach zu Unrecht – zum Tod verurteilt und hingerichtet worden war. Die besondere charismatische Begabung dieses Wanderpredigers, der der Überlieferung zufolge auch viele Wunder gewirkt hatte und den man schließlich mit dem lang erwarteten Messias identifizierte, sowie die Ereignisse und Erlebnisse, die sich an seine Hinrichtung anschlossen, führten dazu, dass bereits die ältesten Quellen von der Auferstehung Jesu sprechen und man ihm schon sehr früh göttliche Qualitäten zuschrieb.

Wider Erwarten existierte die jüdische Anhängerschaft Jesu (die man nunmehr als Judenchristen bezeichnen kann) auch über dessen Tod hinaus als geschlossene Gemeinschaft weiter. Mehr noch: Sie gewann an Attraktivität, wurde größer und vielgestaltiger. Die Jerusalemer Juden nahmen schon bald wahr, dass eine Gruppe aus ihrer Mitte Jesus als den verheißenen Messias verehrte. Sie musste von vornherein suspekt erscheinen – weil die Eliten innerhalb des palästinischen Judentums deren theologische Auffassungen nicht teilten, vor allem aber, weil die neue Gemeinschaft, die sich um einen als Verbrecher hingerichteten Mann gebildet hatte, das ohnehin prekäre Verhältnis zwischen der indigenen Bevölkerung der römischen Provinz Judäa und der Besatzungsmacht zu stören drohte. Diese indigene Bevölkerung (die «Judäer», d. h. die «Juden») war freilich in sich sowohl religiös als auch ethnisch uneinheitlich. Die aus dem Neuen Testament bekannten Gruppen der Pharisäer und Sadduzäer etwa vertraten unterschiedliche Auffassungen im Hinblick auf die Rolle des Gesetzes oder die Auferstehung von den Toten. Zudem gab es neben aramäischsprachigen Juden auch solche, die von griechischsprachigen Einwanderern abstammten und darum «Hellenisten» hießen. Dieser Unterschied bildete sich auch unter den Judenchristen ab: Der gemeinsame Glaube an Jesus Christus umschloss unterschiedliche ethnische Identitäten und Sprachen sowie theologische Ausrichtungen unter dessen frühesten Anhängern.

Schon recht früh nach Jesu Hinrichtung wurden diese drangsaliert und verfolgt. Ausmaß und Historizität dieser Vorgänge sind freilich nicht leicht einzuschätzen, da unsere Hauptquelle hierfür die Apostelgeschichte ist, die erst erheblich später verfasst wurde (vielleicht um 90–100) und in ihrer historischen Zuverlässigkeit umstritten ist. Die Apostelgeschichte schildert die Geschichte der Jerusalemer Urgemeinde und die Missionsreisen der Apostel als eine Konfliktgeschichte und sieht die Schuld für die Probleme vor allem bei den «Juden». Dadurch kann beim modernen Leser der Eindruck entstehen, es habe sich um Auseinandersetzungen zwischen «Juden» und «Christen» gehandelt, und es gerät leicht aus dem Blick, dass – wie oben bereits angedeutet – die Christen zunächst noch eine Gruppe *innerhalb* des Judentums in der Zeit des Zweiten Tempels bildeten. Dabei sollte es freilich nicht bleiben. In den gewaltsamen Auseinandersetzungen, die auf die Steinigung des Stephanus folgten (S. 13), scheint sich das Judenchristentum zunehmend über die Grenzen Judäas hinaus ausgebreitet zu haben. Seine Vertreter missionierten nun im Umfeld der mediterranen Synagogengemeinden und fanden unter den «Gottesfürchtigen» – d.h. Heiden, die bestimmte jüdische Praktiken befolgten, ohne ganz zum Judentum überzutreten – offene Ohren. Dadurch wuchs die Zahl der Heidenchristen deutlich. Sie dürften in den Gemeinden schon nach kurzer Zeit die Mehrheit gebildet haben. Dies löste intensive Debatten um die Frage aus, inwiefern das jüdische Gesetz noch einzuhalten sei. Die christlichen Gemeinden lehnten mehrheitlich eine strenge Befolgung der Gebote ab. Sie forderten allenfalls noch (wie im sog. Aposteldekret: Apostelgeschichte 15,28 f.), kein Fleisch zu essen, das im Rahmen des paganen (heidnischen) Kultes geschlachtet worden war (sog. Götzenopferfleisch), kein Blut (etwa durch den Verzehr von nicht geschächtetem Fleisch) zu sich zu nehmen und sich bestimmter sexueller Praktiken zu enthalten.

Im traditionellen Judentum Palästinas (und vielleicht auch in der jüdischen Diaspora) war hingegen ein umgekehrter Trend zu beobachten: Im Jahr 70 zerstörten die Römer im Zug des Jüdischen Kriegs (66–74) den Jerusalemer Tempel. Infolgedessen bildete sich eine Religionspraxis aus, die ohne den Tempelkult auskam, wobei pharisäische Gruppen die Oberhand gewannen, die das Zentrum jüdischer Identität in der richtigen Auslegung der Torah (des Gesetzes) sahen. Dies führte in einem komplexen Prozess zur Abfassung des rabbinischen Schrifttums (Talmud) und zur Ausbildung des rabbinischen Judentums mit eigenen Institutionen. Infolgedessen gingen Christen und Juden wohl noch im 1. Jahrhundert theologisch wie organisatorisch getrennte Wege und wurden schließlich auch von außen (d. h. aus paganer Sicht) als zwei unterschiedliche Gruppen wahrgenommen.

Im Folgenden betrachte ich zunächst die Periode, in der das Christentum sinnvollerweise als jüdische Sondergruppe zu bezeichnen ist, weil seine Anhänger in der Mehrzahl Juden waren und ganz oder teilweise auch im Rahmen jüdischer Kultpraxis agierten.

Das Schicksal der Jerusalemer Urgemeinde und ihrer führenden Repräsentanten

Der Apostelgeschichte zufolge wurden Petrus und Johannes, der Sohn des Zebedäus, zweimal gefangen genommen und dem Hohen Rat (Sanhedrin) vorgeführt, weil sie lehrten, dass Jesus von den Toten auferstanden sei. Sie hatten offenbar vor allem bei der einflussreichen Gruppe der Sadduzäer Anstoß erregt, die die Auferstehung von den Toten bestritt. Beim zweiten Mal wurden sie ausgepeitscht. Ein Rede- und Predigtverbot in der Öffentlichkeit ließ sich hingegen – mit Rücksicht auf die Unterstützung, die die Apostel in der Bevölkerung genossen – nicht durchsetzen (Apostelgeschichte 4,1–22; 5,17–42).

Der Anführer der «hellenistischen» (griechischsprachigen) Judenchristen Stephanus vertrat die Auffassung, dass Gott nicht im Jerusalemer Tempel wohne und die Juden das ihnen von Gott gegebene Gesetz nicht eingehalten hätten. Angesichts der identitätsstiftenden Bedeutung, die Tempel wie Torah im religiösen Leben der Juden hatten, führte dies dazu, dass er von hellenistischen Juden vor den Hohen Rat geschleppt, wegen Tempelfrevel und Verstoßes gegen das jüdische Gesetz angeklagt und schließlich außerhalb der Stadt gesteinigt wurde (Apostelgeschichte 6f.).

Das gewaltsame Ende des später sog. «Protomärtyrers» (d.h. des ersten christlichen Märtyrers) um 35 hatte gravierende Auswirkungen auf die Gemeinde von Jerusalem. Es setzte eine Verfolgung ein, während der die Judenchristen bis auf wenige Reste aus der Stadt flohen. Daran beteiligte sich auch der Pharisäer Saulus, indem er Judenchristen ins Gefängnis warf. In welcher Funktion Saulus dies tat, ist ungewiss. Da nirgends überliefert ist, dass Saulus ein höheres Amt etwa im Rahmen der jüdischen Selbstverwaltung innehatte, Mitglied des Sanhedrins (des Hohen Rates) war oder gar irgendeine Form von paramilitärischen Einheiten befehligte, dürften die Auswirkungen mindestens seiner eigenen Aktionen nicht allzu gravierend gewesen sein. Als er schließlich einen offiziellen Auftrag vonseiten des Sanhedrin eingeholt hatte und sich auf dem Weg von Jerusalem nach Damaskus befand, kam es zu jenem biographisch einschneidenden Bekehrungserlebnis, das dazu führte, dass er fortan als Apostel Paulus in großem Stil missionierte (Apostelgeschichte 9,1–9; vgl. 1. Korinther 9,1; 15,8; Galater 1,16).

Die Lage der in Jerusalem verbliebenen Judenchristen blieb prekär: Verhaftungen kamen immer wieder vor. In einigen Fällen hören wir auch von der Ermordung bzw. Hinrichtung von Jesusanhängern. Jakobus (der Sohn des Zebedäus und Bruder des Johannes) fiel einer Polizeiaktion zum Opfer, die König Herodes Agrippa I. nicht allzu lang vor seinem eigenen Tod im Jahr 44 veranlasst hatte: Er wurde enthauptet. Petrus hingegen wurde eingekerkert, um am Pesachfest ebenfalls hingerichtet zu werden, konnte aber entfliehen. Wie umfassend diese Verfolgung gewesen ist und welche Motive Agrippa dabei geleitet haben mögen, ist unbekannt.

Nach der Hinrichtung des Zebedaiden Jakobus sowie der Flucht des Petrus aus Jerusalem übernahm um die Mitte der 40er Jahre der Bruder Jesu, der ebenfalls Jakobus hieß und den Beinamen «der Gerechte» trug, die Gemeindeleitung. Um 63 klagte der Hohepriester Ananos (Hanan) d. J., der zu den Sadduzäern gehörte, ihn und einige andere wegen uns unbekannter Verstöße gegen das jüdische Gesetz an und ließ ihn steinigen. In Jerusalem zeigte man anschließend sein Grab und verehrte ihn dort als Märtyrer.

Im Zusammenhang mit dem Jüdischen Krieg scheint die Jerusalemer Gemeinde weiter dezimiert worden zu sein. Manches deutet darauf hin, dass sie unmittelbar vor Kriegsausbruch im Jahr 66 nach Pella im Ostjordanland emigrierte, um sich vor den römischen Truppen in Sicherheit zu bringen. Unklar ist, ob sie nach Kriegsende wieder zurückkehrte. Jedenfalls hat es weiterhin Judenchristen in Jerusalem gegeben – aber sie spielten zahlenmäßig keine Rolle mehr. Sie waren sozial isoliert, blieben aber von größeren Verfolgungsmaßnahmen verschont. Allerdings standen die Verwandten Jesu, die zur Familie Davids, des legendären Königs der Israeliten, zählten, möglicherweise seit dem Jüdischen Krieg im Visier der Behörden, weil man in den weit verzweigten Davididen potentielle Aufrührer sah. Ob eine Geschichte, die Euseb überliefert, einen historischen Kern hat, ist indessen höchst ungewiss. Danach seien Kaiser Domitian (81–96; S. 32–35) zwei Großneffen Jesu, Enkel des Herrenbruders Judas, als Nachkommen Davids angezeigt worden. Man habe sie dem Kaiser vorgeführt, aber freigelassen, als Domitian feststellte, dass es sich nur um einfache Bauern handelte, die an ein Reich Christi im Himmel glaubten. Mehr noch: Der Kaiser habe daraufhin die Verfolgung der Kirche eingestellt (*Kirchengeschichte* 3,20,16; vgl. ders., *Chronik* zum Jahr 96). Es ist kaum vorstellbar, dass Domitian zwei Provinzbewohner niederen Standes nach Rom schaffen ließ, um persönlich den Prozess gegen sie zu führen. Im Übrigen wurde die angesprochene Verfolgung wahrscheinlich erst unter seinem Nachfolger Nerva eingestellt (S. 35). Zur Zeit Trajans (98–117) erlitt Simeon, Sohn des Klopas und damit ein Vetter Jesu, der in der Gemeinde eine führende Rolle spielte (er wird in der Tradition als zweiter Bischof bezeichnet), in hohem Alter nach langen Foltern den Märtyrertod am Kreuz. Er war möglicherweise ebenfalls als Davidide und Christusanhänger denunziert worden.

In dem von Simon bar Kochba im Jahr 132 angeführten Aufstand gegen die Römer kam es offenbar zu Martyrien unter den verbliebenen Gemeindemitgliedern, weil sie sich Simon gegenüber weigerten, Christus zu verleugnen und zu lästern. Spätestens mit der Umwandlung Jerusalems in eine römische Stadt namens Aelia Capitolina nach dem Bar-Kochba-Krieg (nach 135) wurden die Judenchristen zusammen mit den Juden endgültig vertrieben. Es entstand eine Gemeinde aus heidenchristlichen Zuwanderern unter einem neuen Bischof namens Markos.

Übergriffe auf den Apostel Paulus

Mit seiner populären Predigt und seinen Missionserfolgen erregte Paulus vor allem bei seinen Mitjuden Anstoß. Die Apostelgeschichte ist voll von Berichten über Anschläge, Hinterhalte und Denunziationen, die sich gegen den Apostel richteten. Es ist nicht möglich, die jeweiligen historischen Umstände im Einzelnen zu rekonstruieren und die Gegner des Paulus (die meist pauschal als «Juden» bezeichnet werden) sozial präzise zu verorten.

Die Motive der Verfolgung waren keineswegs nur religiöser Natur, sie ging auch nicht immer nur von «Juden» aus: In Philippi wurden Paulus und sein Gefährte Silas von Heiden vor den Behörden der Stadt angeklagt, dort ausgepeitscht und eingekerkert, weil sie eine Sklavin bekehrt hatten, der man Wahrsagekünste nachsagte, womit sie ihren Herren gutes Geld eingebracht hatte. In Ephesos kam es zu einem Aufruhr unter den Silberschmieden, als ihnen der Missionserfolg des Apostels das bis dahin höchst lukrative Geschäft mit Devotionalien des Artemiskults zu verderben drohte.

Eine Reise nach Jerusalem, vor der er mehrfach gewarnt worden war, wurde Paulus schließlich im Jahr 56 zum Verhängnis. Kleinasiatische Juden, die zum Tempel gepilgert waren, denunzierten den Apostel als Häretiker, weil er unjüdische Lehren verbreite und die Kultstätte entweiht habe. Römische Soldaten retteten ihn mit knapper Not vor einem Lynchmob. Als die Soldaten ihn ihrerseits vor einem Verhör auspeitschen wollten, berief sich Paulus auf sein römisches Bürgerrecht, das derartige Züchtigungen verbot. Der Befehlshaber der römischen Kohorte stellte ihn daraufhin dem Sanhedrin vor, um herauszufinden, worin das Vergehen des Paulus bestehe. Hier kam es zu einem Tumult, weil Paulus die Auferstehung der Toten lehrte, welche die Pharisäer bekräftigten, während die ebenfalls in der Versammlung vertretenen Sadduzäer sie ablehnten. Die Situation in Jerusalem drohte zu eskalieren, als jüdische Anschlagspläne ruchbar wurden. Der Militärtribun entschloss sich daher, Paulus aus Jerusalem nach Caesarea zu überführen. Dort wurde er von Vertretern des Sanhedrin, angeführt durch den Hohepriester Hananias, wegen Aufruhrs und Religionsfrevels vor dem Provinzstatthalter Marcus Antonius Felix angeklagt. Der Prozess wurde schließlich vertagt und über zwei Jahre verschleppt, in denen Paulus in der Provinzhauptstadt inhaftiert blieb.

Erst nachdem Felix im Jahr 58 durch Porcius Festus abgelöst worden war, kam wieder Bewegung in die Sache. Paulus wurde dem Statthalter vorgeführt und mit Anklagen seitens der jüdischen Hohepriester und Ältesten konfrontiert, die Festus aber als unzureichend begründet ansah. Paulus lehnte eine Überstellung nach Jerusalem ab und appellierte – unter Berufung auf sein römisches Bürgerrecht – an den Kaiser. Vielleicht kam es auch zu einer Verhandlung vor König Herodes Agrippa II. von Judäa und dessen Schwester Berenike. Am Ende wurde Paulus jedenfalls nach Rom überstellt, ohne dass der eigentliche Grund für Anklage und Überführung in die Hauptstadt deutlich wäre. In Rom, wo Paulus wohl erst 59 ankam, scheint er noch wenigstens zwei Jahre lang gelebt und missioniert zu haben. Damit bricht die Apostelgeschichte ab. Der Märtyrertod des Paulus wird uns in Kapitel 4 noch beschäftigen.

Wandermissionare wie der Apostel Paulus gerieten also im Römischen Reich immer wieder in Gefahr. Hauptgrund war die Tatsache, dass die judenchristlichen Prediger im Umfeld der alteingesessenen jüdischen Synagogengemeinden missionierten und dadurch Gruppen von Anhängern aufbauten, die zu den jüdischen Stammgemeinden in unmittelbare Konkurrenz traten. Seltener kam es zu Anfeindungen von paganer Seite. Die römische Ordnungsmacht trat vor allem dann in Aktion, wenn Juden die judenchristlichen Missionare bestimmter Vergehen beschuldigten, die sich freilich nur selten rechtlich darstellen ließen.

In welchem Umfang es Übergriffe von Juden auf Juden- und später auch auf Heidenchristen gegeben hat, ist in der Forschung heftig umstritten. Die Apostelgeschichte verfolgt u. a. das Interesse, die römischen Amtsträger von Schuld an der Drangsalierung und dem Tod von Christen zu entlasten. Ihr Ende mit den Einzelheiten des Prozesses gegen Paulus dürfte großenteils fiktiv sein. Allerdings sind gewaltsame Übergriffe von jüdischer Seite nicht *allein* in der Apostelgeschichte bezeugt und auch im Kontext antiker religiöser wie sozialer Konflikte nicht von vornherein unplausibel.

Gewaltsame Konflikte zwischen Juden und Christen in nachapostolischer Zeit

Zu Auseinandersetzungen zwischen Juden und Christen kam es auch in späterer Zeit immer wieder einmal. Es wäre freilich ungenau, hier von Verfolgungen zu sprechen, da die beiden Gruppen mindestens bis zum Beginn des 4. Jahrhunderts Minderheiten in einer paganen Mehrheitsgesellschaft darstellten. Immerhin gelang es den Juden zunächst gelegentlich noch, die römischen Autoritäten auf ihre Seite zu ziehen und somit den bewaffneten Arm der imperialen Gewalt zum Zweck der Unterdrückung der neuen Religion zu instrumentalisieren. Bis in die Mitte des 2. Jahrhunderts wird in christlichen Quellen immer wieder von einer feindseligen Haltung auf jüdischer Seite berichtet. So scheint es in den kleinasiatischen Gemeinden von Smyrna (heute İzmir) und Philadelphia (heute Alaşehir in der

Türkei) zu Auseinandersetzungen mit lokalen jüdischen Gruppen gekommen zu sein (Offenbarung 2,9f; 3,9). In Pergamon (heute Bergama) wurde ein Christ namens Antipas ermordet, möglicherweise auch von jüdischer Hand (2,13).

Darüber hinaus erwähnt etwa der christliche Apologet Justin (S. 26) noch derartige Unterdrückungssituationen. Sein *Dialog mit dem Juden Tryphon* (um 160) gibt ein Gespräch wieder, welches zwischen dem Autor und Tryphon im Jahr 132 in Ephesos stattgefunden haben soll. Im Verlauf dieser Konversation behauptet der Verfasser nicht nur, die Juden verfluchten die Christen in den Synagogen, sondern darüber hinaus, es habe in der nicht näher bezeichneten Vergangenheit eine konzertierte Aktion gegeben, jüdische Emissäre von Jerusalem aus in die ganze Welt hinauszuschicken mit der Aufgabe, die Christen systematisch bei den Behörden zu denunzieren. Die Juden töteten die Christen sogar, wenn sich ihnen die Gelegenheit biete, oder ließen durch die Heiden Hinrichtungen durchführen.

Dass es Verfluchungen von «Dissidenten» in jüdischen Synagogen gegeben hat, die so verstanden werden konnten, dass sie Judenchristen miteinschlossen, scheint auch das um 100/110 verfasste Johannesevangelium zu bezeugen (9,22; 12,42; 16,2) und dürfte mittlerweile als Konsens der Forschung gelten, da es Belege dafür auch aus jüdischen Quellen gibt. Vor allem ist in diesem Zusammenhang der im Synagogengottesdienst gebetete sog. Ketzersegen (*Birkat ha-minim*) zu nennen – in Wahrheit ein Fluch, der sich vor allem gegen (Juden)Christen richtete. Darüber hinaus gibt es zahlreiche Hinweise darauf, dass schon sehr früh eine heftige literarische Polemik aus jüdischer Feder gegen das Christentum einsetzte. Schließlich ist denkbar, dass Spannungen zwischen Juden und Judenchristen zu Denunziationen bei den römischen Behörden geführt haben (sie sind ja aus der Apostelgeschichte für die Mitte des 1. Jahrhunderts gerade für Ephesos, den Schauplatz des *Dialogs mit Tryphon*, gut belegt). Aber inwiefern es noch um die *Mitte* des 2. Jahrhunderts (dem Abfassungsdatum des *Dialogs*) zu jüdischen Gewaltaktionen gegenüber Christen gekommen sein könnte, die noch dazu systematisch ins Werk gesetzt worden wären, ist völlig offen.

Diese brisante Lage wurde längerfristig zum einen dadurch entschärft, dass sich das Christentum durch konsequente Heidenmission spätestens im Lauf des 2. Jahrhunderts immer mehr aus dem Umkreis der Synagoge entfernte und insofern auch keine direkte religiöse Konkurrenz mehr darstellte. Zum anderen war infolge diverser Niederlagen der Juden Palästinas gegen die römische Übermacht (zuletzt im Bar-Kochba-Aufstand 132–135 n. Chr., S. 15) das Judentum mindestens des Heiligen Landes so geschwächt, dass zu größeren Unterdrückungsaktionen sowohl die eigenen Mittel als auch die römische Unterstützung fehlten.

3. Die Anstößigkeit des Christentums: Die ideologischen Rahmenbedingungen der antiken Konflikte

Heidnische Vorurteile gegen die Christen

Infolge der zunehmenden Mission unter den Heiden wandelten sich die christlichen Gemeinden im späteren 1. und im 2. Jahrhundert grundlegend. Der Sammelbegriff «Heiden» meint dabei Menschen, die weder Juden noch Christen waren. Sie konnten im Einzelnen ganz unterschiedlicher religiöser Orientierung sein, hielten aber grundsätzlich an der Verehrung mehrerer Götter fest, die jeweils für verschiedene Bereiche des menschlichen Zusammenlebens zuständig waren, etwa indem sie das Reich oder einzelne Städte beschützten, Glück im Krieg oder in der Liebe verhießen oder für eine gute Ernte sorgten. Diese göttliche Fürsorge, auf die man in römischer Zeit sowohl die Prosperität des gesamten Imperiums als auch das Wohlergehen des einzelnen Reichsbewohners zurückführte, setzte einen gewissenhaften Kultvollzug durch religiöse Experten (Priester) und – in gewissem Umfang – die Teilnahme des Einzelnen an diesen Riten voraus.

Römische Kulte waren nicht offiziell «zugelassen» (eine Religionsgesetzgebung im engeren Sinne gab es nicht), sondern existierten einfach und wurden vonseiten der Behörden gefördert, wenn sie politischen Aufgaben dienten, oder zumindest toleriert, solange sie nicht zu dem Verdacht Anlass gaben, die öffentliche Ordnung zu stören oder die *salus publica* (das Gemeinwohl) zu gefährden. Neue Kulte konnten von den Kaisern instrumentalisiert werden, um (wie bei der Sonnenverehrung) die eigene Machtbasis zu sichern oder (wie beim Mithraskult, vgl. S. 82) die Loyalität im Heer zu stärken.

Da das Wohlergehen der Gesellschaft so eng an den Kultvollzug gekoppelt war, führte man soziale Probleme zunächst nicht auf politisches oder ökonomisches Missmanagement oder andere, natürliche Ursachen, sondern auf eine mangelhafte Verehrung der Götter zurück. Deshalb gerieten Gruppen, die sich an dieser Verehrung nicht beteiligten, schnell ins Visier der Behörden. Das galt für die Juden ebenso wie für die Christen. Die Juden waren allerdings dadurch einigermaßen geschützt, dass man ihre Religion als sehr alt und ehrwürdig ansah; außerdem betrieben sie keine aktive Propaganda. Die Christen hingegen warben buchstäblich mit lautstarken Versprechungen für ihre neuartige Provinzialreligion. Sie bestritten die Existenz weiterer Götter, in denen sie allenfalls Dämonen sahen, und setzten die Verehrung eines einzigen Gottes an deren Stelle, dessen Namen sie aber nicht einmal angeben konnten. (Der Name Gottes in der hebräischen Bibel – das sog. Tetragramm JHWH – wurde in den griechischen und lateinischen Übersetzungen, die unter den Christen durchweg im Umlauf waren, entsprechend jüdischer Sitte nur umschrieben.) Zu allem Überfluss beriefen sie sich auch noch auf einen verurteilten und hingerichteten Schwerverbrecher als ihre «Leitfigur», dem sie göttliche Qualitäten zuschrieben.

Die Strategie hatte erstaunlicherweise beträchtlichen Erfolg: Das Christentum breitete sich binnen kurzer Zeit im gesamten Mittelmeerraum aus; die Gemeinschaften der Gläubigen wuchsen zu beachtlicher Größe heran. Sie barg allerdings auch erhebliche Risiken: In Familien, in denen ein Mitglied zum Christentum übergetreten war, konnten gravierende Spannungen entstehen. Darüber hinaus drohte die Teilnahme von Menschen aller gesellschaftlichen Schichten am Gottesdienst (darunter auch Sklavinnen und Sklaven) das traditionelle Sozialgefüge durcheinander zu bringen. Sodann hatte die Verbreitung des Christentums durchaus auch ökonomische Konsequenzen, da die Kultausübung Handel und Handwerk in den Städten in vielfacher Weise beeinflusste, etwa weil die Nahrungsmittelproduktion eng mit Opferritualen verknüpft war oder weil bedeutende Kultstätten aufgrund des hohen Besucherstroms einen erheblichen Wirtschaftsfaktor darstellten. Längerfristig führte die Vernachlässigung der traditionellen Kulte schließlich auch zu gravierenden städtebaulichen Veränderungen, wenn die häufig imposanten Tempel an den Foren allmählich verfielen.

Die Christen waren somit erheblichem Konformitätsdruck ausgesetzt. Wenn sie ihm nicht nachgaben, konnte dies zu Misstrauen, Verleumdungen und verbalen Attacken bis hin zu physischen Übergriffen führen. Wenn unerwartete Ereignisse wie Missernten, Erdbeben oder Seuchen auftraten oder – zumal in den Grenzprovinzen – militärische Bedrohungen nicht abgewehrt werden konnten, wurde dies auf eine Störung der Beziehung zu den Göttern zurückgeführt, wofür man nicht selten die Christen verantwortlich machte. Schnell stand damit der Vorwurf des Religionsfrevels oder des Hochverrats im Raum, was wiederum ernsthafte juristische Konsequenzen, ja die Todesstrafe nach sich ziehen konnte, worauf noch im Einzelnen einzugehen sein wird. Berühmt ist der Ausspruch Tertullians: «Wenn der Tiber bis zu den Stadtmauern ansteigt, wenn der Nil nicht bis zu den Feldern ansteigt, wenn der Himmel stehen bleibt, wenn die Erde sich bewegt, wenn eine Hungersnot, wenn Seuchen auftreten, sogleich heißt es: ‹Die Christen vor den Löwen!›» (*Apologeticum* 40,2).

Verschärfend kam hinzu, dass viele Heiden dachten, Christen betrieben in ihren Gottesdiensten Formen von Kannibalismus und feierten Sexorgien (S. 50). Überhaupt war schon der *Name* der «Christen», der erstmals in Antiochien aufkam (Apostelgeschichte 11,26), eine Fremdbezeichnung der Gegner dieser jüdischen Sondergruppe, die in despektierlicher Form an ihren kriminellen Gründer erinnerte.

Augenfällig wird diese Geringschätzung der Christen in dem berühmten Spottkreuz des Alexamenos, einem Graffito, welches in Rom am Palatin in eine Wand geritzt wurde und sich heute im Antiquarium del Palatino befindet. Es zeigt einen Menschen mit Eselskopf am Kreuz und davor einen Mann, offenbar in Gebetshaltung (ein Arm ist erhoben). Darunter steht in schlechtem Griechisch ein Satz geschrieben, den man wohl folgendermaßen übersetzen muss: «Alexamenos verehrt Gott.» Das Bild dürfte um das Jahr 200 entstanden sein. Tatsächlich haben wir aus dieser Zeit Hinweise darauf, dass Juden wie Christen vorgeworfen wurde, einen Esel anzubeten.

Diese Falschinformationen und Vorurteile liefen in allen Bevölkerungsschichten um. Auch gebildete Angehörige der römischen Eliten wie der Rhetor und Erzieher Mark Aurels, Marcus Cornelius Fronto († nach 176), griffen sie auf, und der Schriftsteller Lukian von Samosata (* um 120, † um 190) präsentierte sie seinen Lesern in satirischer Zuspitzung.

Philosophische Kritik

Daneben gab es seit der zweiten Hälfte des 2. Jahrhunderts zunehmend auch eine intellektuelle Auseinandersetzung mit dem Christentum, die hier nur knapp skizziert werden kann. Wir kennen einige Namen dieser philosophischen Kritiker: Schon der Stoiker Epiktet (* um 50, † um 125) kannte die Furchtlosigkeit der «Galiläer», sie nötigte ihm aber keine Bewunderung ab, sondern er führte sie auf «Gewohnheit» zurück. Der Kyniker Crescens warf den Christen in Rom Gottlosigkeit und Religionsfrevel vor und wurde deswegen von Justin zur Rede gestellt (S. 45). Der berühmte Arzt und Philosoph Galen von Pergamon (* 129, † um 216) sah zwar im Christentum eine philosophische Schule, nahm sie aber intellektuell nicht ernst: Ihre Philosophie beruhe in Wahrheit auf rational unbegründeten Gesetzen, ihr Glaube werde von Gleichnissen und Wundern genährt. Er bewunderte allerdings die Todesverachtung der Christen ebenso wie ihre Askese, worin sie «echten» Philosophen durchaus gleichkämen. Von Kaiser Mark Aurel, einem Stoiker, wird noch zu sprechen sein (S. 43).

Im Lauf der Zeit nahm die Auseinandersetzung an Virulenz zu: Um das Jahr 170 schrieb der uns ansonsten unbekannte Philosoph Kelsos ein umfangreiches Werk gegen die Christen, welches er *Wahres Wort* oder *Wahre Rede (Alethes logos)* nannte. Die Schrift ist uns in Auszügen in der Widerlegung des christlichen Theologen Origenes (* um 185, † um 253) überliefert (um 248). Noch wesentlich ausführlicher war das Werk *Gegen die Christen* (um 300) des Neuplatonikers Porphyrios von Tyros (* um 234, † 305/310), welches das Christentum und seine Lehren in 15 Büchern einer äußerst kritischen Prüfung unterzog und so die antichristliche Literatur nachfolgender Generationen erheblich beeinflusste. Möglicherweise hatte Porphyrios selbst einst dem Christentum nahegestanden, was die Breite seiner einschlägigen Kenntnisse erklären könnte. Unter christlichen Intellektuellen löste das Werk das ganze 4. Jahrhundert hindurch erhebliche Unruhe aus und führte zu zahlreichen Gegenschriften. Noch im Jahr 448 wurde in einem Edikt der Kaiser Theodosius II. und Valentinian die Vernichtung von *Gegen die Christen* angeordnet.

Gerade bei Porphyrios' Schmähschrift ist gut erkennbar, dass sich diese Kontroversen nicht im Elfenbeinturm irgendwelcher Akademien abspielten, sondern unmittelbar politische Auswirkungen hatten. Denn der Statthalter von Bithynien, Sossianos Hierokles, der beim Ausbruch der diokletianischen Verfolgung eine entscheidende Rolle spielte (S. 84), veröffentlichte – als ideologische Begleitmusik zu seinen politischen Maßnahmen – zwei (heute verlorene) kirchenkritische Pamphlete. Darin suchte er die Selbstwidersprüchlichkeit der Heiligen Schrift so detailliert nachzuweisen, dass er bei Zeitgenossen den Eindruck erweckte, er sei selbst einmal Christ gewesen. Wahrscheinlicher ist freilich, dass er sich bei Porphyrios bediente. In einer weiteren Schrift, genannt *Liebhaber der Wahrheit (Philalethes)*, verglich er die Lebensgeschichte Jesu mit der des legendären pythagoreischen Philosophen und Wundertäters Apollonios von

Tyana (1. Jh.) mit dem Ziel, die Überlegenheit des Letzteren zu erweisen. Nachdem die Verfolgungen in Nikomedien begonnen hatten, veröffentlichte ein unbekannter Philosoph drei Bücher gegen die Christen, in denen er die Kaiser für ihr Vorgehen pries, und nutzte seine gesellschaftlich prominente Stellung dazu, sich an christlichem Eigentum zu bereichern.

Die intellektuelle Polemik gegen das Christentum war also heftig und darum auch politisch gefährlich. Man warf den Christen vor, sich auf einen Verbrecher übelster Sorte zu berufen, einen Aufrührer und Magier, der seine Anhänger von den ehrwürdigen Gesetzen und Bräuchen der Juden wie der Heiden abgewendet und eine völlig neuartige und darum suspekte Mischreligion geschaffen habe, die mit ihrer Ablehnung der traditionellen Götter und ihrem verschwommenen Gottesbild direkt in den Atheismus führe. Ohnehin seien die Christen ein Haufen zwielichtiger Gestalten, ungebildet und darum leicht verführbar. Sie stützten sich auf heilige Bücher, die sie den Juden gestohlen und durch eigene Schriften ergänzt hätten, welche in ihrer grobschlächtigen Darstellungsweise und ihrem primitiven Stil in keiner Weise dem ästhetischen Ideal griechisch-römischer Literatur entsprächen. Vor allem die Evangelien seien für jeden vernünftig denkenden Menschen unglaubwürdig und in sich widersprüchlich. All dies habe zur Verweigerung des Götteropfers geführt, was nicht nur an der politischen Loyalität der Christen zweifeln lasse, sondern auch unmittelbar das Reichswohl gefährde. Denn in Wahrheit handle es sich bei den Christen um einen illegalen Geheimbund, der das öffentliche Leben unterwandere und in seiner Ablehnung auch des Kaiseropfers als Feind des Römischen Reiches anzusehen sei. Dadurch hätten sie den Zorn der Götter erregt und trügen Schuld am Untergang des Erdkreises.

Die Reaktion der Christen

Wie haben die Christen auf diese Angriffe reagiert? Die Martyrien als solche, ihre Verschriftlichung in Märtyrerberichten und die kultische Verehrung der Exekutierten kann man auch als

Formen zivilen Ungehorsams interpretieren. Dieser wurde in den meisten Fällen passiv vollzogen. Hin und wieder stürzten Gläubige Opferaltäre um, kam es auch zu Störungen von öffentlichen Gerichtsverhandlungen, ja vereinzelt sind tätliche Angriffe auf Statthalter bezeugt – aber die Zahl der Belege für einen aktiven christlichen Widerstand ist gering. (Er diente auch oft dazu, das eigene Martyrium zu *beschleunigen*, und nicht etwa dazu, eine Verfolgung zu *verhindern*.) Der Grund dafür könnte in einer unvollständigen Erhaltung der Quellen liegen, denn man hat eher romkritische als romfreundliche Schriften vernichtet. Abgesehen davon war jedoch ein gewaltsamer Widerstand gegen das römische Militär mit den zur Verfügung stehenden Mitteln von vornherein zum Scheitern verurteilt. Auch ließ die christliche Ethik mit ihrer Betonung der Feindesliebe einen solchen Widerstand gar nicht zu. Stattdessen vertrauten die Gläubigen darauf, für das Leiden hier auf Erden im Himmel belohnt zu werden, und waren sich der Rache Gottes an ihren Verfolgern gewiss.

Um Verfolgungssituationen zu entgehen, versuchten die Christen, Konfliktpunkte mit ihrer Umwelt, die nicht unmittelbar kultische Belange betrafen, so gut es ging zu vermeiden. Da aber große Bereiche des öffentlichen wie des privaten Lebens – von gemeinsamen Gastmählern über Schulen bis hin zu den Badeanstalten mit ihren Götterstatuen und den Theatern, deren Aufführungen stets mit Göttermythen zu tun hatten – mit paganer Religiosität «aufgeladen» waren, blieb der Verkehr mit der nichtchristlichen Umwelt durchweg schwierig. Deshalb bemühten sich die Christen jederzeit darum, ihre Loyalität gegenüber dem Römischen Reich zu demonstrieren, was freilich in Zeiten, in denen die Kaiser ihre Herrschaft durch *kultische* Verehrung zu stabilisieren versuchten, zwangsläufig nur begrenzt erfolgreich sein konnte. Sie taten dies zunächst dadurch, dass sie zu ihrem Gott für den Erhalt des Reiches und die Gesundheit des Kaisers beteten und diese Praxis der Fürbitte für die Obrigkeit auch nach außen hin kundtaten. In diesem Zusammenhang präsentierten sie das Christentum als Förderer des Reiches und übernahmen insofern die römische Vorstellung, dass die rechte

Gottesverehrung die Wohlfahrt des Gemeinwesens garantiere. Dabei machten sie sich den historischen Umstand argumentativ zunutze, dass die Blütezeit des Reiches unter Kaiser Augustus mit der Geburt Jesu zusammenfiel. Sie sahen darin einen providentiellen (von der göttlichen Vorsehung bestimmten) Zusammenhang, den sie in vielen Variationen immer wieder zum Ausdruck brachten.

Abgesehen von solchen Loyalitätsbekundungen versuchten christliche Intellektuelle auch, die Angriffe der heidnischen Philosophen detailliert literarisch zu entkräften und gleichzeitig für ihre Religion zu werben. In diesem Zusammenhang bemühten sie sich darum, ihre Glaubensüberzeugungen in paganen Denkkategorien zu formulieren; sie markieren somit den Beginn der philosophischen Theologie, die den Glauben vor der Vernunft, d.h. insbesondere der griechischen Philosophie, verantwortbar machte. Man fasst die Verfasser dieser Schriften unter der Bezeichnung Apologeten des 2. Jahrhunderts zusammen. Zu den Apologeten, die auf Griechisch schrieben und deren Schriften ganz oder teilweise erhalten sind, zählen Quadratus und Aristides (beide wirkten während der Regierungszeit Hadrians 117–138), der christliche Philosoph Justin († um 165), der in Rom lehrte, und sein Schüler Tatian (der dann um 172 in seine syrische Heimat zurückkehrte und dort eine christliche Sonderkirche gründete), ferner Melito, in der zweiten Hälfte des 2. Jahrhunderts Bischof von Sardes in Lydien, Athenagoras, ein christlicher Philosoph aus Athen, der um 177 literarisch aktiv war, und Theophilus von Antiochien (seit etwa 180 Bischof von Antiochien).

Die wichtigsten lateinischen Apologeten sind die beiden Advokaten Tertullian und Minucius Felix. Von dem in Rom tätigen Minucius besitzen wir einen kunstvoll gestalteten Dialog zwischen dem Verfasser und einem Heiden aus dem Anfang des 3. Jahrhunderts. Tertullian (* um 160, † um 220) wirkte hingegen in Karthago. Er hat uns ein umfangreiches Werk hinterlassen, darunter mehrere Verteidigungsschriften, in denen er u.a. die unsichere rechtliche Situation der Christen mit bisweilen beißender Ironie anprangerte.

Das Schaffen der Apologeten ist von bunter Mannigfaltigkeit. Sie bedienten sich verschiedener Stile und Gattungen mit unterschiedlichen Funktionen: Den erhaltenen *Apologien* liegen vermutlich Petitionen an den oder die römischen Kaiser zugrunde, die darauf abzielten, die Rechtslage der Christen zu ändern. Die Werke vom Typ *An die Griechen* sind eher dem Bereich intellektueller Kontroversliteratur zuzuordnen. Darüber hinaus gibt es apologetisch gefärbte *Dialoge*.

Ebenso unterscheiden sich die jeweiligen rhetorischen Strategien teilweise beträchtlich. Einige Autoren (wie etwa Tatian) griffen alles Nichtchristliche scharf an, während andere (wie z. B. Justin) einen Ausgleich mit paganen Gedanken und Vorstellungen suchten.

Apologetische Literatur wurde auch noch in späterer Zeit in unterschiedlichen literarischen Gattungen geschrieben: in Form kleiner Traktate, als Dialoge und als groß angelegte, theologisch wie philosophisch ausgefeilte Kontroversschriften in mehreren Büchern, wobei sich besonders Origenes, Cyprian († 258), Arnobius (um 300 tätig), Laktanz und Euseb von Caesarea hervorgetan haben.

Vor allem die älteren Apologeten drangen darauf, nicht wegen der Zugehörigkeit zum Christentum, sondern nur wegen tatsächlich begangener Verbrechen zur Rechenschaft gezogen zu werden und insistierten in diesem Zusammenhang, dass ihnen Mord, Ehebruch, Religionsfrevel und Aufsässigkeit nicht nachgewiesen werden könnten. In diesem Zusammenhang legten sie ihre Gotteslehre und Ethik dar und betonten unter Rückgriff auf das Alte Testament nachdrücklich das ehrwürdige Alter ihrer Religion. Gleichzeitig bekräftigten sie ihre Loyalität gegenüber den römischen Behörden und lenkten die gegen sie gerichteten Vorwürfe auf die Heiden zurück, die sie ihrerseits der Götzenverehrung und Zuchtlosigkeit anklagten. Sie übten Kritik an den aus ihrer Sicht unmoralischen griechischen und römischen Mythen und wiesen auf die Widersprüche zwischen den einzelnen Philosophen hin.

Ob die Literatur irgendeinen Einfluss auf den angesprochenen Adressatenkreis ausgeübt und die Wucht mancher Verfolgung gemindert hat, lässt sich nicht mehr feststellen. Unabhängig davon ist sie dennoch wichtig, denn die Apologeten bearbeiteten erstmals systematisch eine Reihe theologischer Themen wie die Einzigkeit Gottes, die Beziehung zwischen Gott Vater und Sohn (Logos), die Dämonenlehre und die Unsterblichkeit der Seelen.

4. Die Verfolgungen in Rom unter Nero und Domitian

Der Brand Roms und der Pogrom unter den Christen

Kaiser Nero (54–68) gilt der christlichen Tradition als der erste heidnische Verfolger der neuen Religion. Die antiken Quellen sind freilich spärlich und widerspruchsvoll. Zwei Texte sind in diesem Zusammenhang von besonderer Bedeutung. Der römische Historiker Tacitus beschreibt in seinen *Annalen* (15,44,2–5; um 114–120) eine Christenverfolgung, die sich an den verheerenden Brand Roms im Jahr 64 anschloss. Neros Ziel sei es gewesen, die Schuld an dem möglicherweise von ihm selbst gelegten Feuer auf die Christen abzuwälzen, die im Volk wegen nicht näher bezeichneter Untaten verhasst waren. Die Behörden hätten darum eine große Zahl von Christen festgenommen, denen man «Hass auf die Menschheit» vorgeworfen habe, ein Vorwurf, den Tacitus an anderer Stelle auch den Juden macht (*Historien* 5,5,1). Sie seien zum Tod verurteilt und ausgeklügelten Hinrichtungsarten unterzogen worden, die Tacitus ausdrücklich missbilligt, obwohl er sonst keinerlei Sympathien für die Christen hegt. Hierzu zählte das Zerreißen durch Hunde, die Kreuzigung und die Verbrennung, wobei die Christen als Fackeln zur Beleuchtung nach Sonnenuntergang dienten. Dieses schreckliche Schauspiel fand Tacitus zufolge in den Gärten Neros statt, wo es auch einen Circus gegeben haben soll, in dem sich der Kaiser als Wagenlenker präsentierte. Dabei dürfte es sich um einen Park auf dem rechten Tiberufer handeln, der ursprünglich Agrippina d.Ä., der Mutter des Kaisers Caligula

(37–41), gehörte und in dem später ihr Sohn und anschließend Nero eine Rennbahn errichteten. Dieser Circus befand sich nachweislich dort, wo heute der Petersdom steht. In unmittelbarer Nachbarschaft dazu existierte eine Nekropole (Friedhof), in der mutmaßlich auch der Apostel Petrus bestattet wurde (S. 31).

Hinrichtungen von Christen wegen eines «neuartigen und ruchlosen Aberglaubens» erwähnt sodann auch der Historiker Sueton, ein jüngerer Zeitgenosse des Tacitus (*Nero* 16,2), aber er stellt keine Verbindung mit dem Brand Roms her.

Auch wenn also nicht sicher gesagt werden kann, inwiefern die antichristlichen Maßnahmen in Rom mit dem Feuer zusammenhängen, welches weite Teile der Hauptstadt verwüstete, besteht doch eigentlich kein Zweifel daran, dass es unter Nero in der Kapitale zu einem Pogrom gekommen ist, der dann auch Todesopfer gefordert hat. Es fällt auf, dass beide Historiker, auch wenn sie den Christen keinerlei Sympathie entgegenbringen, ihnen eigentlich nichts Konkretes vorzuwerfen haben. Sie gehen davon aus, dass der «Aberglaube» der «Christusanhänger» (nichts anderes meint ja «Christen») als solcher schon strafbar sei, weil die Römer den Gründer dieser Sekte als Verbrecher hingerichtet hatten. Wer also unter der Folter dem Christentum nicht abschwor, sondern bekannte: «Ich bin Christ», machte sich eines Verbrechens schuldig, welches in seiner Art einzigartig war und mit dem Tod bestraft wurde. Darauf wird später noch zurückzukommen sein.

Der Tod der Apostel Paulus und Petrus

An dieser Stelle ist das Schicksal der Apostel Paulus und Petrus gesondert zu betrachten, da die Frage, wann und wo sie zu Tode gekommen sind, nicht zuletzt aufgrund der Bedeutung, welche die beiden Apostel für die Kirche haben, bis in die Gegenwart mit großer Vehemenz diskutiert wird. Die antiken Nachrichten hierzu fließen äußerst spärlich und sind auch nicht frei von wunderhaften Elementen und Widersprüchen. Aus diesem Grund ist es in jüngster Zeit wieder zu erregten Debatten gekommen, ob die beiden Missionare überhaupt in Rom hingerichtet wurden. Die Forschungsdiskussion kann hier nicht im Einzelnen dargestellt werden – es mag genügen, darauf hinzuweisen, dass die Märtyrerverehrung des Paulus und Petrus stets an der Hauptstadt des Römischen Reiches gehaftet hat. Es gibt also keinen Grund, die Behauptung, die beiden Apostel seien in Rom gewaltsam zu Tode gekommen, grundsätzlich zu bezweifeln, auch wenn die Beweislage insgesamt eher dünn ist und wir nicht wissen, warum sie hingerichtet wurden.

Angesichts der Vorgeschichte – weder der Statthalter Judäas, Porcius Festus, noch König Agrippa konnten ein strafwürdiges Vergehen feststellen, und den hauptstädtischen Juden war die Angelegenheit unbekannt (S. 16 f.) – hätte es keinen Anlass zur Verurteilung des Paulus, noch dazu wegen eines Kapitalverbrechens, gegeben. Da Kaiser Nero freilich ein Tyrann und Christenhasser war (S. 28 f.), ist ein Todesurteil auch nicht von vornherein ausgeschlossen. Dass Paulus das Martyrium erlitt, ergibt sich bereits aus dem angeblich in Rom abgefassten *2. Timotheusbrief* (um 100), dessen anonymer Verfasser dem Apostel das bevorstehende Martyrium in den Mund legt (4,6–8). Auch Polykarp von Smyrna, der vielleicht im Jahr 167/168 das Martyrium erlitt (S. 46–48) und noch einige Apostel persönlich gekannt haben soll, erwähnt in seinem *(2.) Brief an die Philipper* das Leiden des Paulus (9,1f). Die älteste eindeutige Nachricht von einem gleichzeitigen Martyrium des Paulus *und des Petrus* (in Rom?) stammt aus dem (verlorenen) *Brief an die Römer* des Bischofs Dionys von Korinth (um 170; Fragment bei Euseb, *Kirchengeschichte* 2,25,8). Irenäus, Bischof von Lyon, weiß um 180, dass Petrus und Paulus in Rom predigten und offenbar dort auch starben (*Gegen die Häresien* 3,1,1). Kurz danach hören wir in den legendarischen *Paulusakten* davon, dass Paulus unter Nero enthauptet wurde (11,5). Ein christlicher Schriftsteller namens Gaius schreibt um oder kurz nach 200, er habe auf dem Vatikan und der *Via Ostiensis* «Siegeszeichen» (*trópaia*) für die beiden Apostel gesehen, und meint damit deren Gräber (bei Euseb, *Kirchengeschichte* 2,25,7). Der afrikanische Kirchenvater Tertullian rühmt im Jahr 203 die römische Kirche, denn dort sei Petrus «dem Leiden des Herrn [d.h. der Kreuzigung] angeglichen» und «Paulus mit dem Tod des Johannes [des Täufers, der enthauptet worden war; vgl. Markus 6,21–29] gekrönt» worden (*Die Prozesseinrede gegen die Häretiker* 36). Derselbe Verfasser bezeugt etwas später (211/212), dass Nero für die Hinrichtungen verantwortlich gewesen sei. Er habe Petrus an einem Kreuz festbinden und Paulus auf nicht näher bezeichnete Weise hinrichten lassen (*Scorpiace* 15,3). Euseb gibt unter Berufung auf ungenannte Quellen an, Paulus sei unter Nero enthauptet, Petrus hingegen gekreuzigt worden (*Kirchengeschichte* 2,25,5). Der romanhafte Bericht von der Leidensgeschichte des Petrus (*Passio Petri* 37[8]; vielleicht 180/190 verfasst) spricht außerdem davon, die Römer hätten den Apostel auf seinen ausdrücklichen Wunsch hin kopfüber ans Kreuz genagelt. Diese Information scheint auch der alexandrinische Theologe Origenes in seinem verlorenen Genesiskommentar (um 240) überliefert zu haben (vgl. Euseb, *Kirchengeschichte* 3,1,2f.), und diese Form der Hinrichtung hat dann auch Eingang in die Ikonographie gefunden.

Das von Gaius erwähnte *trópaion* des Petrus ist nach Ansicht der meisten Archäologen noch heute in Resten erhalten und befindet sich in einer antiken Nekropole unmittelbar unter der Apsis der Kirche von Sankt Peter, deren Bau auf Veranlassung Kaiser Konstantins um 326 vollendet und später bei der Errichtung des heutigen Petersdoms abgerissen wurde. An der von Gaius erwähnten Straße nach Ostia befindet sich heute die Kirche Sankt Paul vor den Mauern (San Paolo fuori le Mura), die in ihrer ältesten Form ebenfalls von Konstantin errichtet wurde (320 bis nach 330). An der Basis des Hauptaltars wird heute das Grab des Apostels Paulus gezeigt, ein Sarkophag, der bei Grabungen zu Beginn dieses Jahrhunderts wiedergefunden wurde und die Inschrift *Paulo Apostolo Mart[yri]* («dem Apostel und Märtyrer Paulus») trägt. Stoff- und Knochenreste darin lassen sich in das 1. oder 2. Jahrhundert datieren. Ob es sich wirklich um die Gebeine des Apostels handelt, ist damit freilich nicht gesagt und mit archäologischen und geschichtswissenschaftlichen Mitteln auch nicht feststellbar.

Mit anderen Worten: Man kann die Petrus- und Paulustradition in Rom kaum weiter als bis zur Mitte des 2. Jahrhunderts zurückverfolgen, bei Paulus vielleicht bis in die Zeit um 100. In Würdigung des gesamten Befunds wird man gleichwohl daran festhalten dürfen, dass Petrus und Paulus unter Nero am Kreuz bzw. durch das Schwert hingerichtet wurden. Dies dürfte mindestens im Fall des Paulus kaum vor 61 geschehen sein, da – wie oben gesehen (S. 16) – Paulus erst im Jahr 59 in Rom ankam und dort noch zwei Jahre im Dienst der christlichen Sache tätig gewesen sein soll. Das heißt, dass der Tod des Paulus in die Jahre 61 bis 68 zu datieren ist. Für Petrus kann man hingegen das Hinrichtungsdatum während der Regierungszeit Neros (54–68) nicht genauer eingrenzen. Eine Hinrichtung zur selben Zeit wie die des Paulus ist schon deswegen unwahrscheinlich, weil es, wie gesehen, separate Martyriumstraditionen gibt.

Domitians Säuberungsaktionen unter Christen in der römischen Oberschicht

Die christliche Überlieferung hat schon in der Antike Kaiser Domitian (81–96) im Hinblick auf seine Behandlung der Christen als «kleinen Nero» *(portio Neronis)* beschrieben. Der bereits erwähnte Tertullian begründet diesen Beinamen damit, Domitian habe die Christen nur kurzzeitig verfolgt und später den Verbannten noch die Rückkehr erlaubt (*Apologeticum* 5,4). Dass es allerdings überhaupt zu Christenverfolgungen in nennenswertem Ausmaß gekommen ist, ist doch sehr zweifelhaft. In seiner *Chronik* beruft sich Euseb auf einen gewissen Bruttius, demzufolge «sehr viele Christen unter Domitian das Martyrium erlitten» hätten. Zu den Opfern habe Flavia Domitilla, die Nichte des Konsuls Titus Flavius Clemens, gezählt, die wegen ihres Christuszeugnisses auf die Insel Pontia (heute Ponza) westlich von Neapel verbannt worden sei (vgl. auch *Kirchengeschichte* 3,18,4).

Diese Auskunft steht aber auf den ersten Blick im Widerspruch zu dem paganen Historiker Cassius Dio, der in seiner zu Beginn des 3. Jahrhunderts verfassten *Römischen Geschichte* berichtet,

Flavia Domitilla sei die *Frau* des Flavius Clemens, seinerseits ein Vetter Domitians, gewesen. Beide seien der «Gottlosigkeit» angeklagt worden. Domitian habe Flavius Clemens hinrichten lassen, während Domitilla auf die Insel Pandateria (heute Isola Ventotene) verbannt worden sei. Im selben Zusammenhang seien «viele andere, die zu den Sitten der Juden abgedriftet waren», desselben Vergehens beschuldigt und hingerichtet oder verbannt worden (67,14,1–2). Von einer Christenverfolgung ist weder hier noch bei Sueton die Rede, der lediglich die Hinrichtung des Flavius Clemens erwähnt (*Domitian* 15,1).

Doch gibt es zwischen den Darstellungen bei Euseb und Cassius Dio Diskrepanzen: Domitilla kann kaum gleichzeitig die Frau und die Nichte des Flavius Clemens gewesen sein, und auch die Verbannungsorte sind nicht miteinander identisch. Dennoch ist das allgemeine Bild, das sich aus den Quellen herauslesen lässt, durchaus stimmig: Domitian dürfte hart gegen die Juden vorgegangen sein. Man warf ihnen «Gottlosigkeit» vor, weil sie den römischen Reichskult nicht befolgten, den Namen des Gottes Israels nicht aussprachen und Gott auch nicht bildlich darstellten. Vor allem Ersteres, das *crimen laesae religionis*, stellte ein schwerwiegendes Vergehen dar, weil es nach römischer Auffassung das Reichswohl, welches von einem ordnungsgemäßen Vollzug des entsprechenden Kultes abhing, gefährdete (S. 60, 91).

Unter denen, «die zu den Sitten der Juden abgedriftet waren», wird man nun aus römischer Perspektive auch die Christen zählen müssen. Die Maßnahmen gegen Flavius Clemens und seine Frau (bzw. Nichte) könnten daher durchaus mit «Gottlosigkeit» begründet worden sein, aber – mindestens im Fall der Domitilla – faktisch eine Christin getroffen haben. Sie wäre dann das erste Beispiel für das Vordringen des Christentums in die oberste Elite des Römischen Reiches, den Senatorenstand.

Kontext dieser Maßnahme war vielleicht die sog. Judensteuer, deren Eintreibung der Kaiser nach Auskunft Suetons «besonders scharf» überwachen ließ (*Domitian* 12,2). Sie war den Juden von Vespasian nach der Zerstörung des Jerusalemer Tempels im Jahr 70 (S. 12) auferlegt worden und diente der Finanzierung des römischen Kultes. Sueton erwähnt, dass auch jene betroffen waren, «die eine jüdische Lebensweise befolgten, ohne bekennende (Juden) zu sein», sowie die, «welche die ihrem Volk auferlegten Abgaben nicht gezahlt hatten, indem sie ihre Herkunft verheimlichten». In diesem Zusammenhang scheint es auch zu zahlreichen Denunziationen von Juden durch Heiden gekommen zu sein (vgl. auch Cassius Dio, *Römische Geschichte* 68,1,2). Bewiesen wurde die Zugehörigkeit bei Männern im Zweifelsfall durch die Beschneidung, deren Überprüfung von den Behörden angeordnet werden konnte, wie Sueton bei einem jüdischen Greis selbst miterlebt hatte. Die tributpflichtigen Gruppen umfassten somit gewiss auch die Judenchristen, die freilich subjektiv der Meinung sein konnten, infolge ihrer Abwendung vom Judentum von der Steuer befreit zu sein.

Auch über das Ende der Repressionen herrscht in den Quellen Uneinigkeit: Tertullian behauptet, wie gesehen, die Verfolgung habe nur kurz gedauert und sei von Domitian selbst wieder beendet worden (*Apologeticum* 5,4). Cassius Dio und Euseb setzen das Ende der Verfolgung erst unter Domitians Nachfolger Nerva (96–98) an (68,1,2 bzw. *Kirchengeschichte* 3,20,8).

Insgesamt kann man somit für die Regierungszeit Domitians keinesfalls von einer umfassenderen Christenverfolgung sprechen. Im Zuge der Eintreibung der Judensteuer mögen auch Christen ins Visier der römischen Behörden geraten sein. Ansonsten richteten sich Gewaltmaßnahmen allenfalls gegen bestimmte Angehörige der römischen Aristokratie aus Gründen, die nicht primär religiöser Natur gewesen sein dürften.

Dementsprechend wird man auch der Nachricht Eusebs skeptisch gegenübertreten, «der Apostel und Evangelist Johannes» sei unter Domitian wegen «seines Zeugnisses für das göttliche Wort» auf die Insel Patmos verbannt worden (*Kirchengeschichte* 3,18,1). Eusebs Formulierung könnte aus einer Bibelstelle herausgesponnen sein: In der Offenbarung des Johannes 1,9 berichtet der Verfasser, er habe seine Visionen in Patmos erhalten, wo er «wegen des Wortes Gottes und des Zeugnisses für Jesus» geweilt hatte. Tertullian weiß sogar, dass der «Apostel Johannes» vor seiner Verbannung auf eine Insel «in siedendes Öl» getaucht worden war, ohne dabei Schaden zu nehmen (*Die Prozess-*

einrede gegen die Häretiker 36,3). In einem nur fragmentarisch erhaltenen Text berichtet Papias von Hierapolis (um 130/140), Nerva habe Johannes aus seinem Exil zurückberufen, woraufhin er in Ephesos gelebt, dort sein Evangelium verfasst habe und später von Juden getötet worden sei; er selbst habe ihn noch gesehen (Frg. 13 bzw. 17; vgl. auch Klemens von Alexandrien, *Welcher Reiche wird gerettet werden?* 42). Papias, Tertullian und Euseb setzen dabei offenbar die Identität des Verfassers des Johannesevangeliums mit dem der Johannesoffenbarung voraus, was bereits zu Beginn des 3. Jahrhunderts bezweifelt wurde und heute als ausgeschlossen gilt. Was auch immer hinter dieser Geschichte stecken mag – eine größere Christenverfolgung lässt sich daraus jedenfalls nicht ableiten.

5. Christen als Opfer lokaler Polizeiaktionen (111–249)

Politischer und rechtlicher Kontext

Die Pressionen, unter denen die Christen vonseiten ihrer paganen Umwelt und der staatlichen Behörden standen, setzten sich auch im 2. Jahrhundert fort. Trotzdem kam es das gesamte Jahrhundert hindurch nicht zu reichsweiten Verfolgungen. Die Maßnahmen blieben bis zur Mitte des 3. Jahrhunderts lokal beschränkt, konnten nun aber ganze Gemeinden treffen und gingen darin – abgesehen von Rom unter Nero – über frühere Repressalien hinaus. Dabei bieten die nun ergiebiger fließenden Quellen ein relativ einheitliches Bild: Das Christentum als solches war zwar grundsätzlich verboten, wurde aber – wie das Judentum – *de facto* toleriert. Die Behörden griffen nur ein, wenn die öffentliche Ordnung auf dem Spiel stand – dann konnten sie allerdings die Christen die ganze grausame Macht eines Militärstaats spüren lassen.

Allerdings hat es bis zur Zeit Trajans (98–117) höchstwahrscheinlich kein Gesetz oder Statut gegeben, das das Christsein unter Strafe stellte. Mithin handelten die kaiserlichen Beamten offenbar allein im Rahmen ihrer sog. Koerzitionsgewalt, welche es ihnen erlaubte, die zur Aufrechterhaltung der öffentlichen Ordnung notwendigen polizeilichen Mittel bis zur Verhängung der Todesstrafe zu ergreifen. Nur römischen Bürgern war es erlaubt, dagegen an den Kaiser zu appellieren. Allerdings waren die Statthalter gehalten, eine formelle Untersuchung durchzuführen. Dieses Verfahren nannte man «außerordentliches Gerichtsverfahren» (*extraordinaria cognitio* oder *cognitio extra ordinem*) – es stellte freilich in der Kaiserzeit nicht mehr die Ausnahme, sondern die Regel dar.

Derart weitreichende Befugnisse waren für die Christen potentiell äußerst gefährlich. Eine Anzeige (*delatio nominis*, d.h. eine namentliche Beschuldigung wegen eines Vergehens, die den Behörden angezeigt wurde und zunächst nicht einmal schriftlich zu erfolgen brauchte) konnte unmittelbare Lebensgefahr bedeuten, wenn der zuständige römische Beamte entschied, dass Handlungsbedarf gegeben war. Solche Anzeigen waren für ihren Urheber *(delator)* durchaus lukrativ, weil er bei erfolgter Verurteilung eine Geldbelohnung aus dem Vermögen des Verurteilten erhielt.

Das Reskript des Kaisers Trajan (111/112)

Diese im Grunde rechtlose Situation änderte sich erst durch einen Briefwechsel zwischen Kaiser Trajan und Plinius d.J. (* 61/62, † 113/115), dem Statthalter von Bithynien und Pontus, einer Provinz in der heutigen Nordtürkei. Aus einem Schreiben des Plinius (10,96) wissen wir von einer Reihe von Prozessen gegen Christen, die vermutlich in Amastris, einer prosperierenden Hafenstadt in Paphlagonien am Schwarzen Meer (heute Amasra), im Winter 112/113 stattgefunden hatten. Was war geschehen? Dem Statthalter waren Menschen als Christen angezeigt worden. Er ließ die Beschuldigten vorführen und fragte sie mehrfach, ob sie Christen seien. War dies der Fall, ließ er die einen wegen ihrer «Hartnäckigkeit» *(pertinacia)* und ihres «unbeugsamen Starrsinns» *(inflexibilis obstinatio)* hinrichten. Die anderen hingegen, die nämlich das römische Bürgerrecht besaßen, wurden von ihm nach Rom überstellt.

Der öffentliche Prozess führte nun dazu, dass weitere Denunziationen eingingen. Plinius wählte daraufhin folgendes Vorgehen: Um die Zugehörigkeit zum Christentum zu überprüfen, verlangte er von den Angeklagten einen Test, der drei Elemente enthielt: Sie sollten die römischen Reichsgötter mit einem ihnen vorgegebenen Gebet anrufen, sodann ein Weihrauch- und Weinopfer (sog. *supplicatio*) vor dem Bild des Kaisers und weiteren Götterstatuen vollziehen und schließlich Christus verfluchen. Wenn sie dies taten, wurden sie freigelassen.

Die Reaktionen fielen unterschiedlich aus: Eine erste Gruppe von Angeklagten leugnete ihr Christsein und konnte gehen. Eine zweite Gruppe bekannte sich zunächst zum Christentum, widerrief aber bald darauf. Unter diesen Menschen behaupteten einige, sie hätten ihren Glauben schon vor drei Jahren aufgegeben, andere sogar vor zwei Jahrzehnten. Da diese Gruppe dann auch anstandslos den geforderten Test absolvierte, wurde sie ebenfalls freigelassen. Wenn die Ausführungen des Plinius sachlich zutreffend sind, bedeutet dies, dass das Christentum im Pontus offenbar schon früher Rückschläge erlitten hatte: Schon um 90 scheint es Absetzbewegungen in den Gemeinden gegeben zu haben, deren Gründe wir nicht kennen. Die ehemaligen Gemeindeglieder berichteten über ihre frühere Religion Folgendes: Sie hätten sich regelmäßig vor Sonnenaufgang versammelt, ihrem Gott Christus im Wechsel Hymnen gesungen und sich eidlich verpflichtet, keine Verbrechen zu begehen. Dann sei man auseinandergegangen und später zu einem gemeinsamen Mahl wieder zusammengekommen. Diese Praxis hätten sie jedoch infolge des kaiserlichen Verbots von Hetairien (gesellschaftliche und politische Vereine und Gilden), das Plinius in seiner Provinz durchgesetzt hatte, aufgegeben. Plinius ließ sich diese Auskunft durch zwei Sklavinnen, die bei den Versammlungen zugegen gewesen waren, unter der Folter bestätigen. Am Ende habe er nichts anderes gefunden als einen «verkommenen, maßlosen Aberglauben» *(superstitionem pravam immodicam)*.

Das Verbot von Hetairien, das sich leider nicht genauer datieren lässt, wird sich nicht spezifisch gegen Christen gerichtet haben (es galt zum Beispiel auch für Angehörige von Feuerbrigaden), aber es musste die Gemeinden hart treffen, denn es kriminalisierte jede Form von Zusammenkünften und machte damit auch die Gottesdienstfeier unmöglich. Mit anderen Worten stand das Christentum also bereits *vor* den Ereignissen des Winters 112/113 im Pontus (und nicht nur dort) unter erheblichem Druck.

Für Plinius wurde das Problem damit immer komplexer. Er hatte zunächst eine kleine Gruppe von Gläubigen wegen ihres Bekenntnisses zum Christennamen verurteilt, dann aber, als deren Zahl größer wurde, die Sache genauer untersucht. Dadurch war er an einen Punkt gelangt, an dem man den Christen außer ihren merkwürdigen religiösen Ansichten, die ihn aber nicht weiter beunruhigten, allenfalls vorwerfen konnte, gegen das Hetairienverbot verstoßen zu haben, was aber keine drakonische Bestrafung erforderte.

Angesichts der wachsenden Zahl von Angeklagten unterbrach der Statthalter den Prozess, um bei Trajan eine Rechtsauskunft zu erbitten, wie nun weiter zu verfahren sei. Um die Dringlichkeit der Angelegenheit zu unterstreichen, wies er in seinem Schreiben darauf hin, wie viele Christen es mittlerweile in der Provinz gebe: in allen Altersgruppen, allen sozialen Schichten und in der Stadt wie auf dem Land. Er glaubte, die grassierende Seuche aufhalten zu können, und sah auch bereits gewisse Erfolge: Die beinahe schon verlassenen Tempel würden wieder bevölkert und die lange unterbrochenen Opfer erneut gefeiert. Auch gebe es nun wieder einen Markt für Opferfleisch, der zusammengebrochen war.

Drei Fragen waren aus seiner Sicht zu klären: Machte das Alter der Angeklagten einen Unterschied in ihrer Behandlung? (Offensichtlich waren also auch Kinder angeklagt worden.) Sodann: Sollte man Menschen gegenüber, die geständig waren (und offenbar abgeschworen hatten), Gnade erweisen, oder war das Christsein ein für alle Mal ein Verurteilungsgrund? Und schließlich: Was war der eigentliche Anklagepunkt: Verbrechen, die aus dem Christsein folgten (in welchem Fall Plinius alle Angeklagten hätte freilassen müssen), oder das Christsein selbst?

Trajan bestätigte Plinius in seinem juristisch bindenden Antwortschreiben (einem sog. «Reskript»), dass er korrekt vorgegangen sei (Plinius, *Briefe* 10,97). Man könne allerdings nach Lage der Dinge kein einheitliches Verfahren vorschreiben, sondern (so muss man schließen) jeder Fall sei individuell zu behandeln und damit in das Ermessen des jeweiligen Statthalters gestellt. Gleichwohl stellte Trajan bestimmte Grundsätze auf, die zu beachten seien: Nach Christen dürfe man nicht fahnden. Vielmehr sei nur auf Anzeigen hin zu reagieren, wobei allerdings anonyme Denunziationen nicht berücksichtigt werden sollten. Apostaten, die ihren Abfall vom Christentum durch ein Götteropfer unter Beweis stellten, seien freizulassen, die anderen zu verurteilen.

Indem Trajan keine detaillierte Verfahrensordnung gegen die Christen festsetzte und nur einige wenige Regeln aufstellte, eröffnete er den Provinzstatthaltern einen erheblichen Ermessensspielraum, wie mit den Christen umzugehen sei. Abgesehen davon waren die von Trajan entworfenen Prinzipien rechtlich fragwürdig und wurden darum von den Christen heftig kritisiert: Sie dürften sich durch ihre Aussage nicht entlasten, sondern nur belasten, spottete der christliche Rhetor Tertullian noch am Ende des Jahrhunderts. Nicht wegen eines nachgewiesenen Verbrechens würden sie verurteilt, sondern allein wegen des Bekenntnisses zu einem Namen. Eine Fahndung, wie sie bei Verbrechern vorgeschrieben sei, sei bei den Christen gerade nicht erlaubt, weshalb sie nicht als solche anzusehen seien. Schließlich werde bei den Christen die Folter nicht deshalb angewandt, um ein Geständnis zu erlangen, sondern um eine *Leugnung* des Anklagepunktes zu erreichen! Welche Verkehrung der hergebrachten juristischen Regeln (*Apologeticum* 2)!

Trotz ihrer juristischen Fragwürdigkeit scheinen die meisten Statthalter bis zur Mitte des 3. Jahrhunderts nach den von Trajan aufgestellten Grundsätzen verfahren zu sein. Dies bedeutete in der Praxis, dass der Christusname als solcher unter Strafe stand und dass die Statthalter die Christen nahezu nach Belieben verfolgen konnten und dies auch taten, wenn es zu Spannungen zwischen der christlichen und der nichtchristlichen Bevölkerung kam: Eine einfache namentliche Anzeige bei den Behörden konnte genügen, um die Justizmaschinerie gegen die Christen in Gang zu setzen. Die Rechtslage war damit also *de iure* geklärt, blieb *de facto* aber äußerst unsicher. Wenn man den erhaltenen Berichten über die Christenprozesse trauen will, lag den kaiserlichen Beamten allerdings in der Regel nichts daran, Christen massenweise zum Tod zu verurteilen, im Gegenteil: Wir kennen zahlreiche Beispiele, in denen sie den Angeklagten immer wieder die Möglichkeit gaben, ihr Christsein zu leugnen. Sie taten dies freilich in vielen Fällen wohl nicht aus Humanität, sondern aus politischem Kalkül: Massenhinrichtungen konnten unabsehbare politische Folgen nach sich ziehen und waren darum durchaus nicht beliebt.

Relative Ruhe unter Hadrian und Antoninus Pius (117–161)

Inwiefern ein bei Justin (S. 26) erhaltenes Reskript von Kaiser Hadrian (*1. Apologie 68*; vgl. Euseb, *Kirchengeschichte* 4,9) eine Änderung oder Präzisierung brachte, ja ob dieses Dokument überhaupt echt ist, ist umstritten. Hadrian (117–138) reagierte verzögert auf eine Anfrage des Prokonsuls der Provinz Asia (in der heutigen Westtürkei), Quintus Licinius Silvanus Granianus. Offenbar hatte es eine Vielzahl an unbegründeten Anzeigen von Menschen wegen ihres Christseins gegeben, wobei der Statthalter die Grundlosigkeit möglicherweise durch den Vollzug der Götteropfer überprüft und die Beschuldigten anschließend freigelassen hatte. Das verursachte Scherereien und kostete Zeit und Geld.

Dem Granianus war im Jahr 124 Minicius Fundanus im Amt nachgefolgt, an welchen sich das Schreiben nun richtete. Hadrian ging es offensichtlich darum, das Verfahren zur Anklageerhebung weiter zu formalisieren. Demnach reichte für eine Anzeige (*delatio nominis*, S. 36) nunmehr nicht einfach die Beschuldigung des Christseins aus, sondern es bedurfte einer Begründung, die auch im Prozess einer Untersuchung standhielt. Da für eine *delatio* bis ins 3. Jahrhundert keine Schriftform notwendig war, sollten die Menschen, die der Justiz Christen angezeigt hatten, vorgeladen und verhört werden. War die Beschuldigung einer gesetzwidrigen Handlung (und dazu gehörte mittlerweile auch das Christsein) ausreichend begründet, so konnte ein entsprechendes Urteil ergehen. Stellte sich hingegen vor dem Richterstuhl heraus, dass der Denunziant eine falsche Anschuldigung vorgebracht hatte, so war er zu bestrafen. Hadrian hatte damit die *delatio* erschwert und mit erheblichen Risiken behaftet, denn der *delator* musste sicher sein, dass der Beschuldigte auch unter der Folter ein standhafter Christ bleiben würde, riskierte er doch sonst, seinerseits zur Rechenschaft gezogen zu werden (sog. Verleumdungsklage). Gleichzeitig hatte Hadrian den Statthaltern ins Stammbuch geschrieben, dass in jedem Fall eine Untersuchung stattzufinden habe und die Christen nicht einfach summarisch abzuurteilen seien.

Hadrian erweiterte auch die Möglichkeit, durch Einreichung von Petitionen in letzter Instanz an den Kaiser zu appellieren. Unter seiner Regierung sind zwei Verteidigungsschriften für das Christentum entstanden (von Quadratus und Aristides von Athen), eine weitere (von Justin) folgte unter Antoninus Pius (138–161, s. auch S. 26). Die als einzige erhaltene Schrift Justins zeigt die formalen Merkmale einer solchen Petition, mag aber zur weiteren Verbreitung überarbeitet worden sein. Aus ihr wie aus dem kaiserlichen Reskript an Fundanus geht hervor, dass die Lage der Christen unverändert prekär war: Die Christen wurden von Denunzianten verschiedener Vergehen wie Gottlosigkeit und Illoyalität beschuldigt, welche aber nicht näher untersucht wurden. Die Verurteilung erfolgte vielmehr allein aufgrund des Christusbekenntnisses; bei Leugnung wurden die Angeklagten freigelassen – darin stimmt die Darstellung Justins mit dem Trajanreskript überein. Die Initiative für die Verfolgungen lag weiterhin nicht bei den Behörden, sondern bei der Bevölkerung. Justin drang daher auf die kritische Prüfung der mit dem Christennamen angeblich zusammenhängenden Vergehen durch den Kaiser. Nicht Gerüchte sollten die Haltung gegenüber den Christen bestimmen, sondern das Wissen um ihr Leben und ihre Lehre. Falls die Anschuldigungen unbeweisbar seien, müssten die Klagen fallengelassen werden. Das entspreche im Übrigen der durch das Hadrianreskript geschaffenen Rechtslage (weshalb Justin denn auch am Ende seiner Petition eine Abschrift dieses Dokuments anfügte). Dass dies nicht der Fall war, hatten wir oben gesehen: Hadrian setzte das Trajanreskript vielmehr voraus, behielt also die Möglichkeit der Verurteilung allein wegen der Zugehörigkeit zum Christentum *ohne* Nachweise weiterer Vergehen bei. Ob Justin die Rechtslage missverstanden oder absichtlich in einem für die Christen günstigen Sinn interpretiert hat, entzieht sich unserer Kenntnis.

Die Erschwerung der Anzeigen scheint der Grund dafür zu sein, dass uns aus der Regierungszeit Kaiser Hadrians überhaupt keine und aus der des Antoninus Pius nur wenige Nachrichten über Christenprozesse überliefert sind: In Rom wurde der dortige Bischof Telesphoros im Jahr 138 hingerichtet. Ein weiteres Verfahren, welches wohl Anfang oder Mitte der 150er Jahre in der Hauptstadt unter dem *praefectus urbi* (einer Art Oberbürgermeister) Quintus Lollius Urbicus (Amtszeit etwa 146–160) stattfand, vermittelt eine Ahnung davon, zu welchen sozialen Verwerfungen das Eindringen des Christentums in die höheren Schichten der römischen Gesellschaft führen konnte (Justin, 2. *Apologie* 2): Ein nicht unbegüteter Mann hatte seine Ehefrau als Christin angezeigt, nachdem sie sich von ihm wegen Untreue geschieden hatte. Der Frau gelang es, den Prozess durch eine Petition an den Kaiser zu verschleppen, weshalb ihr Ehemann im Zorn den christlichen Lehrer der Frau namens Ptolemaios bei Urbicus denunzierte, der ihn zur Hinrichtung abführen ließ. Daraufhin zieh ein gewisser Lucius den Statthalter des Unrechts, da Ptolemaios kein Verbrechen begangen habe. Es scheint also vor dem Richterstuhl zu einem öffentlichen Eklat gekommen zu sein, welcher mit der Hinrichtung des Lucius wegen Zugehörigkeit zum Christentum endete. Ein dritter Christ, der sich ebenfalls einmischte, wurde gleichermaßen exekutiert.

Doch blieben dies Einzelfälle. Die durch Trajan und Hadrian geschaffene Rechtslage und -praxis scheint zu einer gewissen Entspannung beigetragen zu haben. Melito, der Bischof von Sardes (S. 26), erwähnt in seiner Apologie an Kaiser Mark Aurel

Briefe an die Bewohner von Larissa, Thessalonike, Athen «und an alle Griechen», in denen Kaiser Antoninus Pius gemahnt habe, am Status quo gegenüber den Christen nichts zu ändern. Euseb zitiert ein solches Schreiben (*Kirchengeschichte* 4,13) – es ist auch im Zusammenhang der Apologien Justins überliefert. Das Dokument scheint zu belegen, dass Antoninus Pius die Provinzialversammlung der Provinz Asia aufforderte, die Christen in Ruhe zu lassen, weist aber so viele Ungereimtheiten auf, dass es mindestens teilweise als eine Fälschung anzusehen ist. Lässt man diesen Brief einmal außer Betracht, so ergibt sich, dass es einerseits mindestens in den von Melito genannten Städten zu Übergriffen auf Christen gekommen sein dürfte, andererseits aber die Behörden versuchten, die Christenprozesse weiter zu formalisieren und damit vermutlich auch die Zahl der Opfer zu begrenzen.

Martyrien unter Mark Aurel (161–180)

Die vergleichsweise erträgliche Lage verschlechterte sich unter Mark Aurel (161–180). Der Kaiser, selbst Anhänger der stoischen Philosophie, stand fremdartigen kultischen Praktiken skeptisch gegenüber: Wer die Menschen mit einem Aberglauben erschrecke, so verfügte er in einem Reskript gegen einen Wahrsager, sei auf eine Insel zu verbannen. Auch für die Christen hatte Mark Aurel keinerlei Sympathien übrig: Die Bereitschaft zum Tod müsse auf eigener Überzeugung beruhen und dürfe nicht – wie bei den Christen – nur der Zurschaustellung dienen, notierte er in seinen *Selbstbetrachtungen* (11,3).

Inwiefern sich diese persönliche Abneigung in der Gesetzgebung niedergeschlagen hat, ist schwer zu sagen: Der bereits erwähnte Melito (S. 42 f.) klagt in seiner Apologie gegenüber dem Kaiser darüber, dass sich Denunzianten am Besitz von Christen vergriffen. Gemeint ist damit die Belohnung, die *delatores* aus dem Besitz des Verurteilten beanspruchen konnten (S. 36). In diesem Zusammenhang erwähnt der Bischof auch ein neues, offenbar äußerst harsches Edikt, «welches nicht einmal für feindliche Barbaren angemessen wäre», und fragt bei Mark Aurel an, ob dieses von ihm ausgegangen sei. Worum es sich dabei handelt, wissen wir nicht genau. Allerdings gibt es Hinweise darauf, dass Christen zu Zwangsarbeit in Bergwerken verurteilt worden waren. Vielleicht war aber auch ein Senatsbeschluss wohl aus dem Jahr 177 gemeint, der sich auf Gladiatoren bezog. Grund war offenbar ein akuter Mangel an diesen Kämpfern, weshalb Mark Aurel und sein Mitkaiser Commodus (seit 177) zum Tod Verurteilte zu einem günstigen Preis zum Kampf in der Arena abgaben, um die beliebten Spiele zu gewährleisten.

Die Nachricht in der deutlich späteren *Lebensbeschreibung des Aberkios* (Kap. 1), Mark Aurel und sein zeitweiliger Mitkaiser Lucius Verus (161–169) hätten ein allgemeines Götteropfer befohlen, dürfte legendarisch sein. Immerhin spricht Euseb wiederholt davon, dass es in den Provinzen zahlreiche Verfolgungen gegeben habe (*Kirchengeschichte* 5, pr. 1; 5,2,1).

Aber nicht alle Christen beurteilten diesen Kaiser negativ: Tertullian behauptet am Ende des Jahrhunderts sogar, Mark Aurel sei ein «Beschützer» der Christen gewesen. Der Kaiser habe in einem Brief bezeugt, dass seine Truppen auf einem Feldzug durch die Gebete christlicher Soldaten um Regen vor dem Verdursten gerettet worden seien. Diese fromme Legende erfreute sich großer Beliebtheit und ist uns darum auch anderweitig überliefert. Im selben Atemzug bestätigt Tertullian zudem, dass Mark Aurel mindestens zeitweise eine Christenpolitik verfolgte, die der Hadrians ähnelte: weiterhin Bestrafung der Christen, aber ebenso eine «noch schlimmere» Bestrafung der Ankläger – Letzteres offensichtlich in dem Fall, dass die Christen ihrer Religion abgeschworen hatten und freigelassen werden mussten, die Anklage also unberechtigterweise erfolgt war (*Apologeticum* 5,6; vgl. *An Scapula* 4,6).

So wird man auf der Ebene der Rechtsnormen von einer gewissen Kontinuität ausgehen dürfen. In der Praxis wurden freilich die einschlägigen Bestimmungen deutlich strenger ausgelegt als unter Mark Aurels Vorgängern. Denn in der Zeit des Stoikers auf dem Kaiserthron häufen sich die Nachrichten über Martyrien. Bischof Publius von Athen wurde offenbar vor 170 aus unbekannten Gründen hingerichtet. Dasselbe Schicksal ereilte auch die Bischöfe Thraseas aus Eumeneia (Südphrygien, heute Işıklı in der Türkei) und Sagaris von Laodikeia am Lykos (beim heutigen Denizli). Thraseas scheint in Smyrna (heute İzmir) exekutiert worden zu sein, denn dort lag er auch begraben. In Smyrna gab es noch weitere Christenprozesse und Hinrichtungen: So starb ein gewisser Metrodoros, vielleicht ein Priester der Sonderkirche der Marcioniten, den Feuertod. Möglicherweise ist in diese Zeit auch die Exekution des Pionios zu datieren (vgl. S. 73).

Über andere Martyrien sind wir durch zeitgenössische Berichte ausführlich unterrichtet, die im Folgenden in der gebotenen Kürze näher betrachtet werden.

Der römische Prozess gegen Justin und seine Gefährten. Die ältesten direkt überlieferten Akten eines Christenprozesses stammen vermutlich aus Rom und datieren in das Jahr 165 oder 166. Eine Gruppe von Christen um den bereits erwähnten christlichen Philosophen Justin, der in Rom eine kleine Schule unterhielt, war verhaftet und Quintus Iunius Rusticus, dem damaligen obersten Beamten der Hauptstadt *(praefectus urbi)*, vorgeführt worden. Möglicherweise hatten Auseinandersetzungen mit einem kynischen Philosophen namens Crescens zur Anklage geführt, nachdem Justin Crescens wegen seiner Christenhetze öffentlich zurechtgewiesen hatte. Streitigkeiten zwischen den Häuptern von Philosophenschulen waren durchaus nichts Ungewöhnliches – wieso in diesem Fall die Situation eskalierte, bleibt ungewiss. Der *praefectus urbi* Rusticus war seinerseits stoischer Philosoph und hatte in dieser Rolle auch den Kaiser unterrichtet. Er erkundigte sich zunächst bei Justin nach dessen Unterricht, woraufhin ihm der Angeklagte die christliche Lehre knapp zusammenfasste. Es folgte eine Frage nach den Versammlungsorten der Christen, die Justin anfangs ausweichend beantwortete, vermutlich um seine Glaubensgenossen zu schützen, bis er schließlich die eigene Wohnung angab.

Sodann fragte Rusticus Justin und seine sechs Begleiter, ob sie Christen seien, was sie durchweg bejahten. Drei gaben an, bereits christlich erzogen worden zu sein. Alle drei waren Migranten aus Kleinasien. Auch Justin selbst war kein Römer, sondern kam ursprünglich aus Flavia Neapolis (Palästina, heute Nablus). Der Präfekt wandte sich daraufhin wieder Justin zu: Ob sie überzeugt seien, dass sie nach ihrer Hinrichtung in den Himmel aufstiegen? Justin bejahte dies. Als er trotz eindringlicher Ermahnung durch den Richter standhaft blieb, fällte Rusticus sein Urteil: Wegen Verweigerung des Götteropfers sollten die Sieben gegeißelt und hingerichtet werden. Die Art der Hinrichtung erwähnt das Protokoll nicht. Zu beachten ist, dass sich Rusticus im Sinne des Trajanreskripts darauf konzentrierte, das Christsein der Angeklagten zweifelsfrei festzustellen. Er fällte sein Urteil auch nicht übereilt, sondern gab den Angeklagten nach einer Ermahnung die Gelegenheit, ihr Bekenntnis zu überdenken. Dann ließ er sie allerdings zur Hinrichtung abführen.

Das Martyrium des Polykarp von Smyrna. Kaum später (167/168, das Jahr ist aber strittig) fiel das Todesurteil gegen den hochangesehenen Bischof Polykarp von Smyrna in seiner Bischofsstadt. Wir wissen davon durch einen Rundbrief, den seine Gemeinde unmittelbar nach den Ereignissen verfasste und an andere Kirchen in der Provinz Asia und darüber hinaus versandte. Die Hinrichtung war die letzte in einer Reihe von Exekutionen, deren genaue Zahl wir nicht kennen. Immerhin wird aus dem Bericht deutlich, dass sich der Charakter der Foltern und Hinrichtungen im Vergleich zur vorherigen Zeit verändert hatte: Denn während sie vorher die Zwischenstation bzw. den Schlusspunkt eines geregelten Prozesses bildeten und zwar durchaus öffentliches Aufsehen erregen konnten, aber (mit Ausnahme der neronischen Verfolgung, S. 28 f.) nicht um des Spektakels willen veranstaltet wurden, dienten sie nunmehr der Volksbelustigung (Theodor Mommsen nannte sie «Volksfesthinrichtungen»). Diese waren an sich nichts Neues, waren aber bisher verurteilten Schwerverbrechern vorbehalten geblieben. Das änderte sich nun, woran sich eine deutliche Brutalisierung der antichristlichen Strafjustiz unter Mark Aurel erkennen lässt. Der Grund liegt möglicherweise darin, dass es für die bei den Römern so beliebten blutigen Kämpfe und Tierhetzen in der Arena nicht genügend Gladiatoren gab (vgl. S. 44). Man suchte deshalb nach einem Ersatz und fand ihn – neben anderen zum Tod verurteilten Verbrechern – in den Christen.

Aus dem *Martyrium Polykarps* wird erstmals erkennbar, dass nicht näher identifizierte Christen *ad bestias* verurteilt worden waren, also zum Kampf mit wilden Tieren in der Arena. Dabei tat sich neben anderen ein gewisser Germanicus hervor, um den sich der Prokonsul noch eigens bemüht hatte, weil er ihm wegen seines jugendlichen Alters den Tod ersparen wollte. Doch damit nicht genug: Die Christen wurden auf spitze Muschelschalen gelegt und in anderer Weise gefoltert. Warum es überhaupt zu diesen Urteilen gekommen war, bleibt im Dunkeln.

Schließlich wurde auch der Ortsbischof Polykarp, ein Greis von 86 Jahren, der sich offenbar in der Umgebung Smyrnas versteckt hielt, ausfindig gemacht, verhaftet und in die Stadt gebracht. Damit überschritt der Statthalter eindeutig den Rahmen des Trajanreskripts, das derartige Fahndungen verboten hatte (S. 39). Vor der Stadt eilten der lokale Polizeichef (Irenarch) und dessen Vater dem Bischof entgegen und versuchten, ihn zum Götteropfer zu bewegen. Möglicherweise wollten die örtlichen Honoratioren damit Unruhen in der Bevölkerung verhindern. Als Polykarp ablehnte, wurde er unsanft vom Wagen gestoßen.

Der Prozess fand schließlich im Stadion von Smyrna statt, wo sich bereits eine Menschenmenge versammelt hatte. Offensichtlich spielte eine antichristliche Stimmung in der städtischen Bevölkerung eine erhebliche Rolle für das harsche Vorgehen gegen die Christen. Das Stadion befand sich nahe der Südmauer der Stadt, am nördlichen Abhang des Hügels Pagos (heute Kadifekale). Dorthin war auch der Gerichtsvorsitzende, der amtierende Prokonsul, gekommen, der offenbar in der Stadt weilte, weil hier der Provinziallandtag unter der Leitung des sog. Asiarchen stattfand, eine politisch-religiöse Zusammenkunft zur Beratung von Themen gemeinsamen Interesses zwischen Kaiser und Provinzialeliten, bei denen die kultische Verehrung des jeweiligen Herrschers und seiner Familie eine besondere Rolle spielte. Der Prokonsul rief nun Polykarp mehrfach dazu auf, dem Christentum abzuschwören, was dieser standhaft verweigerte. Ganz offensichtlich hatte der Beamte kein Interesse an einer Eskalation. Doch auch die Drohungen mit immer schrecklicheren Hinrichtungsarten (zunächst wilde Tiere, dann Feuer) fruchteten nichts, worauf der Richter den Schuldspruch in der Stadionmitte verkünden ließ.

Die aufgepeitschte Menge forderte daraufhin vom Asiarchen, den greisen Bischof einem Löwen zum Fraß vorzuwerfen. Dieser lehnte jedoch ab, weil die Zeit für die Tierhetze vorüber sei. Infolgedessen wurde Polykarp im Stadion an einen Pfahl gebunden, um verbrannt zu werden, was jedoch misslang. Der Feuertod galt als eine der schimpflichsten Hinrichtungsformen und war Verurteilten aus den niedrigen Bevölkerungsschichten vorbehalten. Die häufigen Verbrennungen von Christen führten in kurzer Zeit auch zu Spottnamen: Man nannte sie «Reisigleute» *(sarmentici)* und «Halbbrettler» *(semaxii)*, weil sie – wie Tertullian sagt – «rücklings an eine Bohle aus einem halbierten Brett gebunden in einem Ring aus Reisig» verbrannt wurden (*Apologeticum* 50,3).

Polykarp erlitt schwerste Verletzungen und wurde schließlich von einem *confector*, dessen Aufgabe es war, den verletzten Menschen und Tieren am Ende der Spiele den Todesstoß zu versetzen, erdolcht, sein Leichnam verbrannt. Die Gemeinde sammelte später die Asche auf und bestattete sie.

Mit dem Martyrium des Polykarp begann die Reihe der «Unterhaltungsmartyrien». Die neue Form der Christenexekution erreichte einen ersten schrecklichen Höhepunkt mit der Verfolgung in Lyon des Jahres 177.

Die Märtyrer von Lyon des Jahres 177. Über diesen Pogrom sind wir ebenfalls durch einen Rundbrief orientiert, den die Gemeinden aus Vienne und Lyon an die Mitchristen in den Provinzen Asia und Phrygien sandten und den Euseb aufbewahrt hat (*Kirchengeschichte* 5,1). Er stellt diesem Bericht eine Einleitung voran, in der er angibt, dass es unter Mark Aurel «auf Anstiftung städtischer Bewohner» zu neuen Verfolgungen gekommen sei, die «Zehntausenden» Christen das Leben gekostet hätten. Die Zahlen dürften gewiss zu hoch gegriffen sein und bedeuten nicht mehr als «sehr viele» Opfer. Auffällig ist, dass er die Urheber der Verfolgung, die städtische Bevölkerung, besonders hervorhebt. Diese stand, wie wir gesehen hatten, auch hinter den Hinrichtungen in Smyrna. In Vienne und Lyon war es zu massiven antichristlichen Ausschreitungen gekommen, die dazu geführt hatten, dass Christen sich nicht mehr auf die Straße wagten und öffentliche Plätze mieden. Schließlich wurde eine unbekannte Zahl von ihnen bei den Behörden angezeigt. Der lokale römische Standortkommandant führte gemeinsam mit städtischen Verwaltungsbeamten eine Voruntersuchung durch. Nachdem das Christsein durch Befragung festgestellt worden war, inhaftierte man die Beschuldigten bis zum Prozess durch den nicht namentlich genannten Statthalter, einen *legatus Augusti pro praetore*. Nach dessen Ankunft in der Stadt wurde das Verfahren fortgeführt.

Hierbei meldete sich der junge und selbst dem christlichen Glauben anhängende Adlige Vettius Epagathus zu Wort und übernahm die Verteidigung der Christen gegen die Anschuldigungen der «Gottlosigkeit» und des «Majestätsverbrechens». Atheismus und Asebie waren in der Tat Straftatbestände, die zu Todesurteilen führen konnten. Der junge Mann scheint freilich übersehen zu haben, dass es dieser Anklagen für ein Todesurteil keineswegs bedurfte, da bereits der Christenname selbst strafbar war. Dementsprechend ging der Statthalter darauf auch gar nicht ein, sondern fragte ihn vielmehr, ob auch er Christ sei und reihte ihn sodann ohne viel Federlesens unter die Angeklagten ein.

Ein Teil von ihnen hielt nun an seinem Bekenntnis fest und wurde zum Tod verurteilt; zehn andere hingegen schworen dem Christentum ab. Diese Apostasien (Abfall vom Glauben) führten in den Gemeinden offenbar zu erheblicher Unruhe und zu Diskussionen darüber, wie man sich in dieser Situation akuter Lebensgefahr zu verhalten habe. Die Verhaftungswelle ebbte nämlich nicht ab, vielmehr wurden sämtliche frommen Christen eingesperrt, wobei sie offenbar mehrheitlich standhaft blieben. Auch dieser Statthalter überschritt nun den ihm vom Trajanreskript eingeräumten Handlungsspielraum, indem er nach den

Christen fahnden ließ. Dabei wurden auch heidnische Sklaven verhaftet, die zu christlichen Haushalten gehörten. Sie beschuldigten ihre Eigentümer unter der Folter, sie hielten «thyesteische Mahlzeiten» ab und hätten untereinander «Geschlechtsverkehr nach Art des Ödipus». Damit spielt der Brief auf zwei Mythen an, die antiken Lesern gut vertraut waren: Der König von Mykene, Atreus, tötete und kochte aus Rache die Söhne seines Bruders Thyestes und servierte sie ihm zum Mahl; Ödipus, der Sohn des Königs von Theben, heiratete unwissentlich seine Mutter Iokaste. Im Klartext: Christen töteten und aßen Kinder und feierten inzestuöse Orgien. Als diese Gerüchte die Runde machten, steigerte sich die öffentliche Unruhe weiter.

Zur Gruppe der Standhaften zählten u.a. ein Diakon aus Vienne namens Sanctus, der neugetaufte Maturus, Attalos aus Pergamon, der in der christlichen Gemeinde eine prominente Rolle spielte, sowie schließlich die Sklavin Blandina. Weder Blandina noch Sanctus gaben unter der Folter irgendwelche Hinweise auf Verbrechen, welche die Christen begangen hätten. Sanctus machte nicht einmal dann Angaben zur Person, als ihm die Folterknechte glühende Metallspäne auf die empfindlichsten Körperteile legten, sondern antwortete stets nur auf Lateinisch: «Ich bin Christ.» Auch eine erneute Tortur nach einigen Tagen blieb ergebnislos. Zur Zahl der Standhaften gesellte sich schließlich auch eine gewisse Biblis: Sie war zunächst abgefallen, hatte sich dann aber unter der Folter wieder besonnen und bestritten, dass die Christen Kinder verspeisten.

Es folgten erneute Folterungen einer ungenannten Zahl von Christen in Form von Einsperren in dunkle Verliese, Ausspannen auf das sogenannte Streckpferd *(eculeus)* und andere Grausamkeiten. Schon dies führte zum Tod vieler, vor allem junger Gefangener durch Ersticken, weil die Kerker hoffnungslos überfüllt waren.

Schließlich wurde der über 90-jährige, an einem Lungenleiden erkrankte Pothinos, wahrscheinlich der erste Bischof der Lyoner Gemeinde, vor das Gericht geschleppt. Der Statthalter erkundigte sich danach, wer der Gott der Christen sei, worauf Pothinos antwortete: «Wenn du würdig bist, wirst du ihn erkennen.» Damit hatte er den Statthalter provoziert: Er wurde geschlagen und dabei so schwer verletzt, dass er nach zwei Tagen im Gefängnis starb.

Ein unerwartetes Schicksal widerfuhr der Gruppe der Apostaten: Sie waren trotz ihrer Leugnung des Christengottes keineswegs freigelassen worden, sondern wurden nunmehr des Mordes beschuldigt. Offenbar war der Statthalter von ihrer Unschuld im Hinblick auf den Kannibalismusvorwurf immer noch nicht überzeugt. Dies wiederum bestärkte andere Angeklagte, von ihrem Christusbekenntnis nicht abzugehen.

Die Ereignisse traten in eine neue Phase, als die eigentlichen Exekutionen nunmehr als Volksbelustigung im sog. Amphitheater der drei Gallien, dessen Reste heute noch in Lyon besichtigt werden können, durchgeführt wurden. Es war im 2. Jahrhundert bis zu einer Kapazität von über 20 000 Plätzen ausgebaut worden. Eigens für die Hinrichtungen wurde an diesem Ort – möglicherweise aus Anlass des an drei Tagen gefeierten Geburtstags des Kaisers (24.–26. April) – eine Tierhetze angesetzt.

Die Christen wurden Folter- und Exekutionsmethoden von äußerster Brutalität unterzogen. Maturus und Sanctus wurden unter dem Johlen der Menge erst ausgepeitscht, dann von wilden Tieren durch die Arena geschleift und schließlich auf einem eisernen Stuhl, unter dem man ein Feuer entzündet hatte, geröstet. Sanctus blieb dennoch standhaft bei seinem Christusbekenntnis, während die Reaktion des Maturus unerwähnt bleibt. Die Foltern trugen also nicht allein Unterhaltungscharakter, sondern dienten unverändert auch dazu, einen Abfall zu erzwingen. Da beide Gefangenen danach noch am Leben waren, wurden sie schließlich auf nicht näher genannte Weise hingerichtet.

Die Sklavin Blandina wurde an einem Kreuz aufgehängt und den wilden Tieren zum Fraß dargeboten. Da die Tiere der jungen Frau jedoch kein Leid antaten, wurde sie schließlich losgebunden und ins Gefängnis zurückgebracht. Stattdessen führte man Attalos herein. Auf einem Schild, welches vor ihm hergetragen wurde, stand in lateinischer Sprache: «Das ist Attalos der Christ.» Erst jetzt erfuhr der Statthalter jedoch, dass Attalos römischer Bürger war, weshalb er ihn vorsichtshalber zu den anderen eingekerkerten Römern brachte.

Was die römischen Bürger unter den Gefangenen anbetraf, so hatte der Statthalter beim Kaiser wegen des weiteren Vorgehens angefragt und wartete nun auf Antwort. Offenbar gab es eine Unklarheit, derentwegen sich der Legat rückversichern musste. Er rechnete vermutlich damit, dass diese Christen in die Hauptstadt überstellt würden. Nach geraumer Zeit traf das kaiserliche Antwortschreiben ein, demzufolge eine Überstellung nun nicht mehr vorgesehen war. Vielmehr seien Bekenner hinzurichten, Apostaten freizulassen. Im Wesentlichen hatte sich Mark Aurel damit im Rahmen des Trajanreskripts bewegt, mit dem Unterschied freilich, dass die Appellation römischer Bürger an den Kaiser mit anschließender Überstellung nach Rom nicht mehr möglich war. Gleichzeitig hatte sich geklärt, wie mit den Apostaten zu verfahren sei. Der Mordvorwurf, den man ohnehin nicht hatte erhärten können, wurde hingegen fallen gelassen.

Mittlerweile nahte der Provinziallandtag, jene Notablenversammlung, die unter anderem der Pflege des Kaiserkults diente und die in Lyon – wie in Smyrna (S. 47) – mit ausgedehnten Spielen im Amphitheater verbunden war.

Der Statthalter beschloss nun, die Christenprozesse am ersten Tag der Spiele zu beenden. Alle «verstockten» Angeklagten wurden von ihm vor den versammelten Menschenmassen erneut verhört. Die römischen Bürger, die standhaft geblieben waren, ließ er auf der Stelle enthaupten, die übrigen schickte er zum Tierkampf in die Arena. Allerdings hatten in der Zwischenzeit einige der weiterhin eingesperrten Apostaten auf Zureden ihrer standhaften Mitgefangenen ihre Meinung geändert und bekannten nun ebenfalls ihr Christsein. Damit hatte sich die Zahl der Hinrichtungen unversehens erhöht.

Hinzu kam, dass ein allseits bekannter christlicher Arzt, ein Phrygier namens Alexander, die Angeklagten vor dem Richterstuhl durch ein Nicken zum Bekenntnis ermunterte. Die Tatsache, dass er sich in unmittelbarer Nähe der Tribüne aufhalten konnte, deutet daraufhin, dass er zur lokalen Elite zählte. Dies bewahrte ihn freilich nicht vor dem Zugriff der römischen Justiz: Der Statthalter wurde nämlich darauf aufmerksam, dass Alexander den Angeklagten Zeichen gab, und unterzog ihn daraufhin ebenfalls einem Verhör. Als sich der Arzt zu seinem Christsein bekannte, wurde er gleichermaßen zum Tod bei der Tierhetze bestimmt.

Gemeinsam mit Attalos betrat er am nächsten Tag die Arena. Dass Attalos nun – nach Aussage der Quelle, um dem «Pöbel» einen Gefallen zu tun – doch den Tieren vorgeworfen wurde, obwohl er als römischer Bürger mindestens Anspruch auf eine «humane» Hinrichtung durch Enthauptung gehabt hätte, gehört zu den zahlreichen juristischen Ungereimtheiten des ganzen Vorgangs. Auch Attalos wurde auf dem eisernen Stuhl geröstet. Er rief auf Lateinisch zur umstehenden Menge: «Seht, das, was *ihr* tut, ist Menschenfresserei. *Wir* aber fressen keine Menschen und tun auch sonst nichts Schändliches!» Die Folter führte offenbar am Ende zum Tod der beiden, auch wenn die Quelle dazu keine Angaben macht.

Schließlich wurde auch Blandina in die Arena gebracht, nunmehr gemeinsam mit einem etwa 15-jährigen Sklaven namens Ponticus, möglicherweise ihrem Bruder. Auch sie wurden Foltern unterworfen: Auspeitschung, Tierkampf und Röstung auf dem eisernen Stuhl. Ponticus, der standhaft blieb, überlebte diese Qualen nicht. Auch Blandina schwor ihrem Glauben nicht ab. Sie wurde zuletzt in eine Fischreuse aus Weidenzweigen gesperrt und einem Stier vorgeworfen. Der *confector* machte der bereits bewusstlosen Frau schließlich den Garaus.

Die Tapferkeit der Blandina fand unter den Zuschauern durchaus Anerkennung. Spektakelmartyrien waren in ihrer öffentlichen Wirkung ambivalent: Sie konnten und sollten abschrecken. Die Standhaftigkeit und der Mut vieler Christen angesichts von Leiden und Tod wirkten aber auch anziehend, denn sie dokumentierten die Wirkkraft der neuen Religion auf das gläubige Individuum und dessen Hoffnung auf Belohnung im Jenseits.

Die Körper derer, die schon früher unter den unmenschlichen Bedingungen im Gefängnis erstickt waren, wurden Hunden vorgeworfen. Die Überreste wurden zusammen mit den Leichen aus der Arena unter militärischer Bewachung sechs Tage lang zur Abschreckung zur Schau gestellt und schließlich verbrannt. Die Asche streute man in die Rhone, um zu verhindern, dass sich ein Kult an den Gräbern der Märtyrer entwickelte.

Erst aus Nachbemerkungen in dem Brief der Lyoner Gemeinde wird deutlich, dass es auch Christen gegeben haben muss, die unter der Folter standhaft blieben und dennoch aus unbekannten Gründen freikamen. Man unterschied nun terminologisch zwischen den «Bekennern», die nicht abgefallen waren und überlebt hatten, und den «Zeugen» (also den «Märtyrern»), die für ihren Glauben gestorben waren. Das «Martyrium» war dabei höher angesehen als das einfache «Bekenntnis». Gleichwohl verlieh das Bekenntnis in der Verfolgung ein besonderes Charisma, welches sich unter anderem im Eintreten für jene, die nicht standgehalten hatten (*lapsi* / Gefallene) äußerte. Darauf wird noch zurückzukommen sein (S. 119).

Die Bilanz des Christenmassakers des Jahres 177 war erschreckend. Wir wissen aus diversen Märtyrerkatalogen namentlich von 47 Personen (25 Männer, 22 Frauen), von denen 22 enthauptet wurden, während die genannten sechs Personen den Tod in der Arena fanden und 19, darunter Bischof Pothinos, im Gefängnis starben.

Christenprozesse unter Commodus (180–192)

Mark Aurels Nachfolger wurde sein Sohn Commodus (180–192), der zuvor schon mit seinem Vater gemeinsam regiert hatte. Commodus scheint jedoch die strenge Linie seines Vaters gegenüber den Christen nicht weiterverfolgt zu haben, so dass sich die Situation für die Gemeinden deutlich verbesserte. Auch gibt es nun verstärkt Hinweise darauf, dass der obersten Hausverwaltung des Kaiserhofs, der sog. *familia Caesaris*, die aus Sklaven und Freigelassenen bestand, Christen angehörten. Möglicherweise zählten schon Claudius Ephebus und Valerius Biton am Ende des 1. Jahrhunderts zu dieser Gruppe (*1. Klemensbrief* 63,3; 65,1). Sodann nahm ein gewisser Florinus noch zu Zeiten

Polykarps von Smyrna (also vor 167) eine höhere Position im kaiserlichen Haushalt ein. Die Konkubine des Commodus, Marcia, die von dem christlichen Priester und Eunuchen Hyakinthos erzogen worden war und – wenn auch vielleicht selbst keine Christin – gute Kontakte zum römischen Bischof Victor (189–199) unterhielt, war Mittelpunkt einer christlichen «Zelle» bei Hof. Sie setzte sich mit Unterstützung des Hyakinthos erfolgreich dafür ein, dass Christen, die unter unbekannten Umständen zu Bergwerksarbeit in Sardinien verurteilt worden waren, freigelassen wurden. Zu Marcias Umfeld gehörte vermutlich auch Karpophoros, Besitzer einer kleinen Bank (S. 57).

Christen gab es nunmehr in nahezu allen sozialen Schichten der Gesellschaft. Ihre Verfolgung barg somit wachsende politische Risiken für den Statthalter, denn sie machte ihn in immer größeren Bevölkerungskreisen unbeliebt. Manche Provinzverwalter reagierten darauf mit einer gewissen Hilflosigkeit: Der Prokonsul der Provinz Asia, Gaius Arrius Antoninus, sah sich bei einem Christenprozess um 184/185 mit dem Protest sämtlicher Gläubigen der ungenannten Stadt konfrontiert und war unschlüssig, ob er es riskieren konnte, eine derart große Zahl hinrichten zu lassen. Er zog sich schließlich aus der Affäre, indem er nur einige wenige abführen ließ und die restlichen freigab, angeblich mit den Worten: «Oh ihr Elenden, wenn ihr denn sterben wollt, dann nehmt dafür Felsen und Stricke.»

Tatsächlich haben wir unter Commodus nur vereinzelte Nachrichten von Gerichtsverfahren, von denen zwei noch in den Anfang der Regierungszeit dieses Kaisers fallen. Am 17. Juli des Jahres 180 kam es zum ersten Martyrium in Nordafrika: Sechs (evtl. auch zwölf) Christen aus dem sonst unbekannten nordafrikanischen Ort Scil(l)i oder Scilium wurden in Karthago, der Hauptstadt der Provinz Africa Proconsularis, dem Prokonsul Publius Vigellius Saturninus vorgeführt (*Acta Scilitanorum*; die Authentizität des Dokuments ist allerdings strittig). Die Differenz in der Zahl der Verurteilten ergibt sich daraus, dass zu Beginn nur sechs Christen genannt werden, das Urteil am Schluss aber zwölf Namen umfasst. Anders als in Smyrna und Gallien fand der Prozess am Amtssitz des Prokonsuls in dessen

Gerichtssaal statt. Die Angeklagten trugen christliche Schriften, darunter Briefe des Apostels Paulus, bei sich, ohne dass der Grund dafür ersichtlich würde. Saturninus beschwor die vor ihm aufgereihten Christen geradezu, von ihrem «Wahnsinn» *(dementia)* abzulassen, doch vergeblich: Alle beteuerten ihr christliches Bekenntnis und wünschten auch keine Bedenkzeit. Daraufhin wurden sie zum Tod verurteilt, da sie bekannt hätten, «nach der christlichen Weise zu leben» und sich weigerten, zur Sitte der Römer zurückzukehren. Ein Herold verkündete sodann das Urteil, und die Angeklagten wurden unverzüglich enthauptet.

Der Kontrast zwischen diesen Exekutionen und denen, die sich drei Jahre zuvor in Gallien abgespielt hatten, ist augenfällig: Der Prokonsul verzichtete auf eine Hinrichtung in der Arena ebenso wie auf Folterungen. Die Angeklagten wurden allesamt unmittelbar nach der Urteilsverkündung wie römische Bürger wegen ihrer Zugehörigkeit zum Christentum enthauptet (ohne dass sie notwendig das Bürgerrecht besessen hätten). Mit anderen Worten verfuhr der Prokonsul noch ganz auf der Linie des Plinius, ja war durch Nichtanwendung der Folter sogar noch vorsichtiger (vgl. S. 37).

In der Provinz Africa reagierten die Statthalter noch milder: Gaius Cincius (Cingius) Severus half um 190/191 in Thysdrus südlich von Karthago (heute El Djem, Tunesien) Christen bei ihren Aussagen, so dass sie freigelassen werden konnten. Lucius Vespronius Candidus Sallustius Sabinianus behandelte einen angeklagten Christen lediglich als Ruhestörer und ließ ihn dann laufen (191/192).

Ebenfalls in die Regierungszeit des Commodus fällt der in Rom abgehaltene Prozess gegen Apollonios, der in der Kirche der Hauptstadt seiner Bildung und seiner philosophischen Kenntnisse wegen in hohem Ansehen stand. Apollonios war etwa in den Jahren 180 bis 185 bei dem mächtigen Prätorianerpräfekten Sextus (?) Tigidius Perennis angezeigt worden. Die Anzeige muss allerdings ungenügend gewesen sein, denn entsprechend der unter Hadrian eingeführten Rechtspraxis (S. 40–42) wurde zunächst der *delator* hingerichtet: Ihm wurden beide

Beine gebrochen *(crurifragium)*, eine Form der Todesstrafe. Dies führte jedoch nicht zur Freilassung des Apollonios: Auf Bitten des Richters soll er sich vor Senatoren in einer glänzenden Rede verteidigt haben, bevor er zum Tod durch Enthauptung verurteilt wurde. Die Authentizität dieser Geschichte vorausgesetzt, muss der Angeklagte über erheblichen Einfluss verfügt haben, der freilich nicht ausreichte, um ihn zu retten.

Ein eher skurriler Fall, der sich um 187/189 ebenfalls in Rom ereignete, ist der Prozess gegen Calixtus, den Sklaven des bereits genannten Bankiers Karpophoros (S. 55). Er scheint im Geschäft seines Eigentümers eine verantwortungsvolle Position innegehabt zu haben, denn man sagte ihm nach, er habe Gelder der Bankkunden veruntreut. Da er keinen Ersatz leisten konnte, lief er – angeblich um seinen eigenen Tod zu provozieren – in eine Synagoge und verursachte dort während des Gottesdienstes einen Tumult, indem er schrie, er sei ein Christ. Daraufhin schleppten die Juden ihn vor den Stadtpräfekten Publius Seius Fuscianus und klagten ihn wegen Erregung öffentlichen Ärgernisses und wegen seines Christseins an. Karpophoros intervenierte zugunsten seines Sklaven und bestritt vor dem Richterstuhl, dass Letzteres der Fall sei: Calixt sei kein Christ, sondern suche den Tod, um seinen Gläubigern zu entkommen. Vielleicht wollte er ihm helfen, vielleicht fürchtete er aber auch, dass bei einer Verurteilung das veruntreute Geld endgültig perdu wäre. Der Präfekt ließ sich dadurch nicht erweichen, sondern verhängte eine Geißelstrafe und die Deportation in ein sardisches Bergwerk. Calixt überlebte die Zwangsarbeit und schmückte sich anschließend mit dem Titel eines «Bekenners» – eine Ehre, die seine weitere Karriere bis hin zum römischen Bischof (217–222) erheblich befördert haben dürfte. Ob er letztlich noch das Martyrium erlitt, wie eine spätere Tradition behauptet, ist sehr zweifelhaft. Bemerkenswerterweise wurde Calixt nicht zum Tode verurteilt – vielleicht weil Karpophoros über gute Verbindungen ins Kaiserhaus verfügte.

In Nordafrika verurteilte der Prokonsul Caecilius Capella den Christen Mavilus aus Hadrumetum (heute Sousse in Tunesien) zum Tod durch wilde Tiere. In Apameia Kibotos am

Mäander (Provinz Phrygien, heute Dinar, Türkei) waren Christen aus der Sonderkirche der Montanisten (S. 61) gemeinsam mit den großkirchlichen Gläubigen Gaius und Alexander aus Eumeneia (heute Çivril) eingesperrt. Der Märtyrertod traf sie dann alle gemeinsam ungeachtet ihrer jeweiligen Konfession.

Die ambivalente Christenpolitik der Severer (193–235)

Die Lage unter Septimius Severus (193–211). Die relative Ruhe im Reich, die gleichwohl immer prekär blieb, setzte sich unter der Dynastie der Severer (193–235) im Wesentlichen fort. Einer späten Überlieferung zufolge verbot Kaiser Septimius Severus (193–211) missionarische Bemühungen von Juden und Christen – aber das ist wohl als Fiktion anzusehen. Neue reichsweite Erlasse, die die Christen betrafen, scheint es nicht gegeben zu haben. So lebten am Hof weiterhin Gläubige, die ganz unbehelligt blieben: Das gilt etwa für den Gönner des Origenes, einen begüterten Hofbeamten namens Ambrosius. Er geriet erst unter Maximinus Thrax in Bedrängnis (S. 65 f.). Von Prosenes wird noch zu sprechen sein (S. 63). Der Sohn des Septimius Severus, Caracalla, wurde angeblich von einer christlichen Amme großgezogen. Der Kaiser soll sogar einen christlichen Arzt namens Proculus Torpacion in seinem Palast gehabt und christliche Angehörige des Senatorenstandes gegen Anwürfe öffentlich in Schutz genommen haben. In Rom wissen wir ansonsten noch von einem Bekenner namens Natalius, zeitweise Bischof einer Sonderkirche, doch leider nichts über die Art seines Bekenntnisses.

In den Provinzen war die Situation allerdings uneinheitlich. So ging der Statthalter von Kappadokien, Claudius Lucius Hieronymianus (Amtszeit zwischen 202 und 212), möglicherweise aus familiären Gründen (seine Frau war zum Christentum konvertiert) hart gegen die Christen vor. Dabei traf es auch den Bischof Alexander von Caesarea in Kappadokien (heute Kayseri, Türkei), der aber überlebte. Später scheint sich Hieronymianus selbst dem Christentum angenähert zu haben.

Ein besonderer Fall ereignete sich in Syrien, wo ein Bischof seine Gemeinde buchstäblich in die Wüste geführt zu haben scheint, um in der Einsamkeit die Wiederkunft Christi zu erwarten. Dort wurden die Gläubigen aufgegriffen und zum Statthalter gebracht, der sie beinahe als Räuber verurteilt hätte, wäre er nicht von seiner christlichen Frau gestoppt worden. Nicht ganz so sanft freilich ging der Statthalter offenkundig mit Asklepiades, dem späteren Bischof von Antiochien, um, da dieser fortan als «Bekenner» gefeiert wurde.

Strafen wegen des Christennamens fielen also unterschiedlich aus und bedeuteten nicht immer den sicheren Tod. Frauen konnten stattdessen in Bordelle verbracht werden. Weiterhin wurden Christen zur Arbeit in Steinbrüchen und Bergwerken verurteilt. Doch gelegentlich kam es nicht einmal dazu: In Africa ließ Gaius Iulius Asper einen Christen zwar foltern, zwang ihn dann aber, als er Anstalten machte, dem Christentum abzuschwören, nicht mehr zum Opfer, sondern ließ ihn gehen (200–201 oder 204–205). Gaius Valerius Pudens erkannte, dass ein Christ nur durch einen juristischen Kniff unter Anklage geraten war und stellte das Verfahren ein (210/211).

Es gab auch Wege für Christen, ihr Schicksal selbst in die Hand zu nehmen: So kaufte sich der Montanist (S. 61) Themison für eine große Geldsumme aus dem Gefängnis frei, was ihn später nicht daran hindern sollte, sich als Märtyrer zu bezeichnen. Ein anderer Montanist namens Alexander, der aus unbekanntem Grund seiner Religion abtrünnig geworden war, kam vor den Prokonsul Aemilius Frontinus in Ephesos und wurde wegen Raubes verurteilt. Anschließend gab er jedoch vor, seines Glaubens wegen vor Gericht gestanden zu haben, woraufhin ihn die Gemeinde von Ephesos freikaufte – ein Hinweis darauf, dass christliche Gemeinden je nach Ortsverhältnissen durchaus gewisse Spielräume hatten, um Verurteilten zu helfen. Aus der Zeit um 208/209 hören wir aus Nordafrika auch von regelrechten Erpressungen: Nichtchristen ließen sich von Christen dafür bezahlen, dass sie sie nicht vor Gericht brachten oder ihnen militärischen Schutz gewährten. Ja, es scheint, dass ganze Gemeinden zu diesem Zweck Tribut entrichteten.

Die Statthalter konnten also durchaus flexibel reagieren, und auch den christlichen Gemeinden standen verschiedene Wege offen, um die Situation zu deeskalieren. Gleichwohl gab es auch ausgesprochene Brennpunkte der Christenverfolgung: Ägypten sowie – der oben geschilderten relativen Entspannung zum Trotz – Nordafrika.

Ägypten. In Ägypten kam es im Jahr 202/203 zu Pogromen unter dem Präfekten Quintus Maecius Laetus. Inhaftierte Christen wurden nach Alexandrien überstellt und dort zentral abgeurteilt. Unter ihnen befand sich auch Leonides, der Vater des großen Theologen Origenes. Sein erhebliches Vermögen fiel an den Fiskus, so dass seine Frau und ihre sieben Kinder mittellos zurückblieben. Die Ursachen für die Verfolgungen gingen offenbar auf Feindseligkeiten unter der Bevölkerung der Metropole Alexandrien zurück, deren Auslöser unbekannt ist.

Durch die antichristlichen Maßnahmen wurde die Gemeinde Alexandriens erheblich geschwächt, da es zu einem großen Exodus von Gläubigen aus der Provinzhauptstadt kam. Während es unter Laetus' Nachfolger Claudius Iulianus ruhig blieb, nahmen die Repressalien ab 206 unter dem Präfekten Subatianus Aquila wieder zu. Origenes, mittlerweile Leiter einer theologischen Schule in Alexandrien, unterstützte die gefangenen Christen. Damit – sowie durch den Erfolg seines theologischen Unterrichts – zog er sich offenbar die Feindschaft alexandrinischer Heiden zu, was dazu führte, dass sein Wohnhaus von Soldaten umstellt wurde und er in den Untergrund gehen musste. Einige Schüler des Origenes hatten weniger Glück und erlitten den Märtyrertod: Vier von ihnen wurden, teilweise nach Folterungen, enthauptet und zwei, darunter eine Frau, verbrannt. Auch eine gewisse Potamiaina wurde gemeinsam mit ihrer Mutter Marcella verbrannt. Aquila hatte Potamiaina zunächst der Folter unterzogen und ihr dann gedroht, sie von Gladiatoren vergewaltigen zu lassen. Schließlich wurde sie aus unbekannten Gründen nicht wegen ihres Christentums, sondern wegen Majestätsverbrechen (*crimen laesae maiestatis*) verurteilt und durch Übergießen mit siedendem Pech hingerichtet. Auch ihr

Bewacher, ein Soldat namens Basilides, wurde später enthauptet, nachdem er sich als Christ geweigert hatte, einen Eid abzulegen und daraufhin angeklagt worden war.

Darüber hinaus dürfte es noch weitere Todesopfer gegeben haben. Die Ereignisse riefen unter den Christen in Ägypten eine so große Unruhe hervor, dass ein gewisser Judas sie in einer exegetischen Schrift in apokalyptischer Weise als Werk des Antichrist deutete.

Nordafrika. Gegen Ende des 2. Jahrhunderts wurde die Situation auch in Nordafrika zunehmend unsicher. Der christliche Rhetor und Advokat Tertullian sah sich im Jahr 197 dazu veranlasst, in Verteidigungsschriften auf die juristisch weiterhin prekäre Lage des Christentums aufmerksam zu machen (S. 26). Ein sehr ausführlicher Martyriumsbericht aus der Metropole Karthago erzählt von der Verfolgung einer Gruppe von Christen, angeführt von Vibia Perpetua, einer Angehörigen der munizipalen Oberschicht (*Das Leiden der Perpetua und Felicitas*). Bei der Redaktion dieses Textes hat der unbekannte Redaktor (Tertullian?) offenbar eine Art Tagebuch aus Perpetuas eigener Feder verwendet.

In der Christengemeinde Karthagos war es zur Zeit des Bischofs Optatus zu Auseinandersetzungen gekommen. Möglicherweise hatte dies mit der Ausbreitung des Montanismus zu tun, einer christlichen Sonderkonfession aus Phrygien, die eine strenge Askese propagierte und in nächster Zukunft das Weltende erwartete. In dieser komplizierten Situation wurde eine Gruppe von Katechumenen (Taufbewerbern) unter dem Vorwurf des Christentums verhaftet: Revocatus und dessen hochschwangere Frau Felicitas, Saturninus und Secundulus, die etwa 22 Jahre alte und gerade Mutter gewordene Vibia Perpetua sowie der junge Saturus. Perpetua hatte zuvor eine hitzige Auseinandersetzung mit ihrem Vater gehabt, der sie – auch mit Schlägen – zum Abfall zu bewegen suchte, jedoch vergeblich: Die Gruppe ließ sich, während sie noch unter Hausarrest stand, sogar taufen und wurde schließlich ins Gefängnis gebracht. Perpetua trug ihr Kind bei sich, das sie noch stillte.

Am nächsten Tag wurden die Gefangenen vor ein Gericht gestellt, das unter dem Vorsitz des Prokurators Publius Aelius Hilarianus auf dem Forum tagte. Der Prozess fand also in der Öffentlichkeit statt: Die Gefangenen wurden auf einem Schaugerüst vorgeführt, was prompt einen Menschenauflauf verursachte. Noch vor dem Verhör bestürmte der Vater Perpetuas seine Tochter erneut, um des Kindes willen das Opfer zu vollziehen, doch lehnte diese ab. Alle Angeklagten bekannten im Verhör ihren Glauben, weshalb Hilarianus sie zum Tod durch wilde Tiere *(damnatio ad bestias)* verurteilte. Bis zur Hinrichtung, die während der Spiele aus Anlass des Geburtstags von Kaiserspross Geta am 7. März stattfinden sollte, wurde die Gruppe ins Gefängnis zurückgebracht; das Kind Perpetuas blieb beim Großvater.

Secundulus wurde noch im Gefängnis mit dem Schwert enthauptet, offensichtlich weil sich herausgestellt hatte, dass er das römische Bürgerrecht besaß. Ferner sollte die Hinrichtung der Felicitas wegen ihrer Schwangerschaft zunächst zurückgestellt werden, da das römische Recht eine Exekution von Schwangeren verbot. Zwei Tage vor dem für die Spiele angesetzten Datum gebar sie jedoch ein Mädchen, welches ihr sogleich weggenommen und in die Obhut einer Frau aus der christlichen Gemeinde gegeben wurde.

Schauplatz der Exekutionen war das Amphitheater von Karthago, welches heute noch teilweise erhalten ist. Es fasste nahezu 30 000 Zuschauer und war damit noch deutlich größer als das Theater von Lyon (S. 51). Nachdem man sie gegeißelt hatte, wurden Saturninus und Revocatus auf einer Bühne wohl an einen Pfahl festgebunden und anschließend von Leoparden und Bären attackiert. Saturus hingegen musste einem Eber und einem Bären gegenübertreten; er überlebte aber den Angriff und wurde zunächst wieder in das Gefängnis zurückgebracht.

Perpetua und Felicitas wurden nackt in Netze gebunden und einer wilden Kuh vorgeworfen, was selbst bei den hartgesottenen Theaterzuschauern Entsetzen auslöste. Beide überlebten die Konfrontation mit dem Tier. Saturus hingegen erlitt beim Kampf mit einem Leoparden schwere Verletzungen. Als er blutüberströmt am Boden lag, schrie das Publikum: «Wohl gebadet!», ein Spruch, der sich in römischen Thermen findet. Schließlich wurden alle überlebenden Christen auf der Schaubühne mit dem Schwert hingerichtet. Weitere vier Märtyrer wurden zu einem unbekannten Zeitpunkt Opfer derselben Verfolgung.

So präzise uns auch die Details dieser Hinrichtungen überliefert sind, so wenig wissen wir über deren Anlass. Vieles deutet auf eine allgemeine Bedrohungssituation hin, die sich aber kaum spezifizieren lässt. Allerdings gab es in Karthago durchaus Spannungen zwischen heidnischer und christlicher Bevölkerung. So ist bekannt, dass es unter demselben Prokurator Hilarianus zu Auseinandersetzungen um den Erwerb von Friedhöfen durch Christen kam.

Die Lage unter den Kaisern Caracalla, Elabagabal und Severus Alexander (211–235). Unter Caracalla (211–217) änderte sich die Situation nicht wesentlich. Weiterhin konnte man als Christ auch im Umfeld des Kaisers in hohe Ämter aufsteigen. So kennen wir aus einer Grabinschrift einen gewissen Marcus Aurelius Prosenes, einen Freigelassenen, der seine Karriere unter Commodus begann und es unter Caracalla bis zum obersten Kammerherrn brachte. Offenbar ist Prosenes während seiner Zeit bei Hof zum Christentum konvertiert. Wie er es mit den kultischen Verpflichtungen hielt, die sich dort immer ergaben, verrät die Inschrift allerdings nicht.

Im Heer konnte die Verweigerung dieser Pflichten fatale Folgen haben. Ein besonderer Fall, von dem uns Tertullian erzählt (*Vom Kranz des Soldaten* 1), ereignete sich bereits zur Beginn der Herrschaft Caracallas in der *Legio III Augusta*, die in der Provinz Africa stationiert war. Im Lager wurde aus Anlass des Amtsantritts von Caracalla und Geta (die zunächst gemeinsam regieren sollten) eine kaiserliche Geldspende *(donativum)* an die Soldaten verteilt. Bei diesen *donativa* konnte es sich um beträchtliche Summen handeln, die den Jahressold um ein Mehrfaches überstiegen. Zu diesem Zweck ließ man die mit Lorbeer bekränzten Soldaten antreten. Lorbeerkränze galten u. a. als ein Zeichen der Ehrerbietung gegenüber Apoll, dem «Gott der Geschosse» *(deus telorum)*. Ein Soldat lehnte diese kultische Handlung ab und gab sich dadurch als Christ zu erkennen. Er wurde aus der Armee ausgestoßen und erwartete zum Zeitpunkt der Abfassung von Tertullians Werk im Kerker sein Schicksal.

Auch sonst war die Situation in Nordafrika unsicher. Unter dem Prokonsul von Africa, Publius Iulius Scapula Tertullus Priscus, wurden Christen immer wieder unter dem Vorwurf des Tempelfrevels *(sacrilegium)* und des Majestätsverbrechens vor Gericht gezerrt. Andere wurden erfolgreich gezwungen, abzuschwören. Außerdem kam es in Numidien und Mauretanien zu Hinrichtungen durch das Schwert.

Ganz anders stellte sich die Situation hingegen in den Provinzen Ägypten und Arabien dar, wo kurz vor 215 der *legatus* (Statthalter) von Arabia unter Vermittlung des Präfekten Ägyptens und des Bischofs Demetrios von Alexandrien den weithin berühmten Origenes zu Vorlesungen einlud.

Aus der Zeit Caracallas stammt auch eine erste Kodifizierung der antichristlichen Gesetzgebung: Der berühmte Hofjurist und hochrangige Verwaltungsbeamte Domitius Ulpianus († 223) stellte nämlich im siebten Buch seines Werkes *Über das Amt des Prokonsuls* erstmals alle diesbezüglichen Reskripte der Kaiser zusammen. Darin legte er den Statthaltern auch nahe, nach «Religionsfrevlern» *(sacrilegi)* zu fahnden. Inwiefern das praktische Auswirkungen hatte, ist leider nicht erkennbar, aber man darf annehmen, dass die Unterscheidung zwischen einer Anklage wegen des Christennamens (wegen der nicht gefahndet werden durfte, S. 39) und wegen Sakrilegs nicht immer trennscharf verlief.

In vielerlei Hinsicht einzigartig ist die kurze Regierung des Kaisers Marcus Aurelius Antoninus (218–222), den man später nach dem von ihm verehrten syrischen Gott Elagabal nannte, versuchte er doch, einen dem römischen Götterpantheon völlig fremden Kult in Rom zu etablieren, was nicht zuletzt zu seinem Sturz und seiner Ermordung beitrug. Trotz oder vielleicht gerade wegen seiner Sympathien für östliche Kulte (seine Familie stammte selbst aus Syrien) scheint es in seiner Regierung keine Repressalien gegenüber den Christen gegeben zu haben.

Die Herrschaft des Kaisers Severus Alexander (222–235), eines Neffen Elagabals, der im Alter von gerade einmal 13 Jahren auf den Thron gekommen war, wurde stark bestimmt von seiner Mutter Iulia Avita Mamaea. Die Familie dieses Kaisers stammte mütterlicherseits aus Emesa (heute Homs) in Syrien und scheint eine ähnliche Neigung zu indigenen Kulten gehabt zu haben wie Elagabal, welche sie aber nicht so offen zur Schau trug. Die Offenheit gegenüber religiöser Veränderung zeigte sich auch gegenüber den Christen. Iulius Africanus, Universalgelehrter und christlicher Chronograph, richtete auf Geheiß des Kaisers im Pantheon in Rom eine Bibliothek ein. Wohl über ihn kam der Kontakt der Kaiserinmutter zu Origenes zustande. Offenbar im Winter 231/232 weilte der Theologe in Antiochien am Hof Iulia Mamaeas und hielt dort Vorlesungen. Der Bischof einer römischen Sonderkirche und Theologe Hippolyt widmete Iulia ein (nur noch in wenigen Fragmenten erhaltenes) Werk über die Auferstehung.

Nicht völlig gesichert ist demgegenüber die Nachricht, der Kaiser habe im Schrein seiner Hausgötter Statuen von Christus, Abraham, Orpheus und anderen aufgestellt und auch in Rechtsstreitigkeiten zugunsten der Christen entschieden.

Die Verhältnisse unter Maximinus Thrax (235–238). Mit dem Ende der severischen Dynastie wurden die Zeiten für die Christen wieder unruhiger. Unter dem ersten Soldatenkaiser Maximinus Thrax (235–238) sind wieder Martyrien bezeugt. Euseb erklärt diesen Umschwung in der Religionspolitik damit, dass Maximin über die vielen Christen bei Hof besorgt gewesen sei (*Kirchengeschichte* 6,28). Daraus wird man schließen dürfen, dass seine antichristliche Politik weniger religiöse Ursachen hatte, als vielmehr der Stabilisierung der eigenen Herrschaft diente. Möglicherweise sah er die Christen als Repräsentanten des alten Regimes an, deren Loyalität er misstraute. Dabei richtete sich die Verfolgung in Rom nur gegen Kirchenführer, da sie, wie oben gesehen, Verbindungen zum Palast unterhielten: Die beiden Bischöfe Pontianus (230–235) und Hippolyt (s. o.) wurden unmittelbar nach Amtsantritt des Kaisers nach Sardinien verbannt, wo sie auch verstorben sind. Pontianus' Nachfolger Fabian (236–250) überführte die Leichname nach Rom und ließ sie dort in der Calixtus-Katakombe bzw. der Katakombe an der Via Tiburtina bestatten.

Eine besondere Situation herrschte im kleinasiatischen Kappadokien und im Pontus, wo im Jahr 235 schwere Erdbeben das Land erschütterten, die das Volk den Christen anlastete. Dadurch kam es unter dem Statthalter Licinius Serenianus zu einer nach der längeren Friedenszeit unerwarteten Verfolgung, der sich viele durch Flucht in friedlichere Provinzen entzogen. Auch Kirchengebäude wurden zerstört. Möglicherweise veranlassten die Nachrichten aus Kappadokien Origenes im palästinischen Caesarea dazu, eine *Ermahnung zum Martyrium* (235) zu verfassen, die die Christen in der Drangsal ermutigen sollte. Ob es aber in der Stadt dann tatsächlich zu Maßnahmen gegen Christen kam, ist unklar.

Der erste christliche Kaiser? Philippus Arabs (244–249)

Euseb überliefert die Nachricht, Kaiser Marcus Iulius Philippus (gen. Philippus Arabs, 244–249) sei Christ gewesen und habe an einem unbekannten Ort an der Ostervigil teilnehmen wollen. Ihm sei jedoch der Bischof entgegengetreten und habe ihn aufgefordert, zuerst für seine vielen Sünden Buße zu tun. Der Kaiser habe «bereitwillig» gehorcht und sich den Büßern beigesellt (*Kirchengeschichte* 6,34). Spätere Tradition bringt diese Geschichte mit dem antiochenischen Bischof Babylas in Verbindung. Zwei Briefe des Origenes an Philippus Arabs bzw. seine Frau Severa, die Euseb noch vor Augen hatte, belegen, dass es tatsächlich Verbindungen des Kaiserhauses zu christlichen Theologen gab (vgl. Euseb, *Kirchengeschichte* 6,36,3). In den 260er Jahren notierte Bischof Dionys von Alexandrien (247/248–264/265) in einem Brief die ausdrücklich als Gerücht bezeichnete Nachricht, es habe Kaiser vor Valerian gegeben, die Christen gewesen seien (bei Euseb, *Kirchengeschichte* 7,10,3), ohne freilich zu sagen, um welche es sich handle. Richtig ist, dass die Christen, nach allem, was wir wissen, unter Philipp eine vergleichsweise ruhige Zeit erlebten. Philipp mag dem Christentum auch durchaus Sympathien entgegengebracht haben. Die Anekdote vom bußfertigen Kaiser dürfte jedoch angesichts der damaligen historischen Situation erfunden sein.

Gegen Ende seiner Herrschaft kam es im Winter 248/249 auch in Alexandrien erneut zu einem Christenpogrom. Der bereits erwähnte Dionys, ein Augenzeuge, berichtet (bei Euseb, *Kirchengeschichte* 6,41,1–9), ein paganer Seher und Dichter habe mit seinen Prophezeiungen die Bevölkerung gegen die Christen aufgewiegelt. Ob religiöse Hysterie Ursache der Unruhen war, wie Dionys anzudeuten scheint, oder ob eine Steuerreform Philipps den Druck auf die Bevölkerung erhöht hatte, der sich dann in den Pogromen entlud, wie die neuere Forschung annimmt, ist ungewiss. Die Situation geriet jedenfalls völlig außer Kontrolle: Es kam zu großflächigen Plünderungen christlicher Häuser durch einen heidnischen Mob. Christen, die nicht abschwören oder im Tempel opfern wollten, wurden gequält und ermordet: Der alte Metras wurde verprügelt, man stach ihm die Augen aus und steinigte ihn zu Tode. Als die Christin Quinta sich weigerte, im Tempel ein Opfer darzubringen, wurde sie an den Füßen durch die Stadt geschleift, gegeißelt und ebenfalls gesteinigt. Der greisen Jungfrau Apollonia schlug man die Zähne aus und drohte, sie zu verbrennen, falls sie nicht abschwöre, woraufhin die Frau freiwillig in das Feuer des bereits entzündeten Scheiterhaufens sprang. Ein gewisser Serapion wurde in seinem Haus schwer gefoltert und anschließend aus dem Fenster geworfen. Es gelang der Staatsmacht nicht, die Ordnung wiederherzustellen. Im Gegenteil: In den Wirren der letzten Monate der Regierung dieses Kaisers wandelten sich die religiösen Unruhen in einen offenen Bürgerkrieg unter den heidnischen Einwohnern der Stadt, der den Christen eine Atempause verschaffte.

6. Ein Jahrzehnt der Verfolgung: Von Decius bis Valerian (249–260)

Die erste reichsweite Verfolgung unter Decius (249–251)

Mit Kaiser Decius (249–251) setzte eine dramatische Veränderung im Umgang mit den Christen ein: Lokale Unterdrückungsmaßnahmen, die über knapp zweieinhalb Jahrhunderte immer wieder aufgeflackert waren, aber immer nur einzelne Brennpunkte, vor allem Großstädte, betroffen hatten und auch dort immer von Phasen relativer Ruhe unterbrochen waren, wurden nun von flächendeckenden Verfolgungen abgelöst, die sich gegen die Christen im *gesamten* Gebiet des Römischen Reiches richteten.

Ein Edikt, das leider nicht mehr im Wortlaut erhalten ist, verpflichtete im Dezember 249 alle Reichsbewohner dazu, den Göttern öffentlich kultische Verehrung zu erweisen. Hierzu wurden Kommissionen eingerichtet, die den Vorgang überwachten und protokollierten. Im Einzelnen wurde erwartet, Opfer und Trankopfer darzubringen und Opferfleisch zu sich zu nehmen. Anschließend wurden spezielle Bescheinigungen *(libelli)* ausgestellt. Wenn das Opfer bis zu einem bestimmten Termin nicht freiwillig erbracht war, wurden die Christen von den Behörden zur Leistung gezwungen. Zu diesem Zweck konnten sie inhaftiert und gefoltert werden, wobei u. a. Geißelung, Prügel, Streckpferd, Eisenkralle *(ungula)* und glühende Eisen zum Einsatz kamen; die Behörden konnten das Vermögen der Betroffenen einziehen, sie verbannen und am Ende auch hinrichten. Wir besitzen noch heute etliche dieser Bescheinigungen auf Papyrus aus Ägypten, die alle in die Zeit Juni/Juli 250 datieren.

Die Maßnahme richtete sich nicht speziell gegen die Christen; es ging vielmehr darum, die religiöse Loyalität der *gesamten* Reichsbevölkerung einzufordern, wobei allerdings Juden (über deren Behandlung wir keinerlei Quellen haben) und Christen wegen ihrer grundsätzlichen Verweigerung der kultischen Verehrung anderer Götter automatisch ins Visier der Behörden gerieten. Der eigentliche Beweggrund für das kaiserliche Vorgehen liegt im Dunkeln. Am plausibelsten erscheint immer noch die These, dass die politische Instabilität des Reiches die Rückbesinnung auf die traditionellen römischen Götter ratsam erscheinen ließ, um durch ihre demonstrative Verehrung durch die gesamte Reichsbevölkerung die öffentliche Wohlfahrt sicherzustellen und gleichzeitig die Loyalität der Untertanen einzufordern.

Viele Gläubige kamen den behördlichen Forderungen freiwillig nach, da sie die Auffassung vertraten, man könne Gott unter jedem beliebigen Namen verehren. Darüber hinaus war der soziale Druck bei dieser Massenveranstaltung erheblich: Wer hier nicht mittat, fiel sofort auf, war stigmatisiert und musste mit erheblichen Repressalien rechnen. Schließlich waren die Kontrollkommissionen bei der Durchsetzung des Edikts vergleichsweise flexibel und verlangten bisweilen lediglich, dass Weihrauchkörner auf den Altar gestreut wurden. Auch scheint Bestechung nicht selten gewesen zu sein: Durch Zahlung eines Geldbetrags konnte man *libelli* erhalten, ohne formal seine Loyalität gegenüber den Göttern bekundet zu haben. Nur eine Minderheit der Christen scheint sich den Opfern entzogen oder sie aktiv verweigert zu haben.

Besonders gut sind die Geschehnisse in Alexandrien und Karthago dokumentiert, weil wir hier über Berichte von Zeitgenossen verfügen: Für Alexandrien ist es wiederum Bischof Dionys, der uns in einem Brief über die Ereignisse ausführlich Auskunft gibt (bei Euseb, *Kirchengeschichte* 6,41,9–42,4). Nach Verkündung des kaiserlichen Edikts traten in der ägyptischen Metropole die vornehmeren Christen, die teilweise auch in der römischen Administration tätig waren, der Reihe nach an, um zu opfern. Andere suchten ihr Heil in der Flucht. Dann wiederum gab es welche, die erst nach einiger Zeit im Gefängnis abschworen, entweder bevor oder nachdem sie gefoltert worden waren. Zu den Märtyrern zählten der gebrechliche Greis Julian sowie ein gewisser Kronion: Sie wurden auf Kamelen unter Peitschenhieben durch die Stadt getrieben und am Ende öffentlich verbrannt. Der Soldat Besas, der dem Pöbel, welcher die Christen verspottete, entgegentrat, wurde festgenommen und enthauptet. Lebendig verbrannt wurde auch der Libyer Makar. Die angesehene Asketin Ammonarion wurde erst schwer gefoltert und dann, als sie das Opfer weiterhin verweigerte, zur Exekution abgeführt, während die Greisin Mercuria, die mehrfache Mutter Dionysia und eine weitere Frau sogleich mit dem Schwert hingerichtet wurden. Der etwa 15-jährige Dioskoros ließ sich auch mit Gewalt nicht zum Opfer überreden und wurde daraufhin vom Richter, dem Präfekten Ägyptens Aurelius Appius Sabinus, freigelassen. Die Ägypter Heron, Ater und Isidor wurden hingegen gleich verbrannt. Besonders unglücklich traf es Nemesion, der zunächst zusammen mit anderen des Raubes beschuldigt worden war. Zwar konnte er in dieser Sache seine Unschuld beweisen, wurde dann aber als Christ denunziert und gefesselt vor den Statthalter geschleppt. Dort wurde er mit doppelt so vielen Geißelhieben wie die Räuber gefoltert und anschließend mit diesen gemeinsam verbrannt.

Wie schon bei früheren Gelegenheiten (S. 52) versuchten die Umstehenden jene, welche vor Gericht standen, durch geheime Zeichen zu ermutigen, standhaft zu bleiben. Vier Soldaten und der alte Theophilos zogen dadurch die Aufmerksamkeit der übrigen Zuschauer auf sich. Als ihnen bewusst wurde, dass nun auch ihre Stunde gekommen war, liefen sie vor den Richterstuhl und bekannten sich zum christlichen Glauben. In anderen Städten und Dörfern Ägyptens gab es zahlreiche weitere Opfer. Dionys nennt den Fall des Verwalters Ischyrion, der das Opfer verweigerte und dem deswegen von seinem Arbeitgeber, einem höheren Beamten, ein Stock durch den Bauch gerammt wurde.

In Alexandrien scheint man im Untergrund eine Art geistlichen Unterstützungsdienst für die inhaftierten Christen organisiert zu haben. Jedenfalls blieben zu diesem Zweck die meisten der wegen einer Pestepidemie ohnehin bereits stark dezimierten Mitglieder des Klerus (vier Priester und drei Diakone) in der Stadt. Hier lebten sie in einem Versteck, bestatteten unter Lebensgefahr die hingerichteten Christen und besuchten die Gefangenen.

Größere Opferzahlen gab es offenbar auch unter den Geflohenen, die in der Wüste ihre Rettung suchten und verhungerten oder verdursteten, erfroren, an Krankheiten starben, Räubern oder wilden Tieren zum Opfer fielen und nicht selten versklavt wurden. Zu ihnen zählten auch der alte Bischof Chairemon von Nilopolis (im Fayyum-Becken) und seine Frau, die in die Berge flohen und nicht wiederkehrten.

Der Bischof von Alexandrien selbst blieb vom Schlimmsten verschont: Der Statthalter Sabinus ließ zwar nach ihm fahnden, doch kamen die Soldaten – laut Dionys' eigener Aussage – nicht auf die Idee, dass er sich in seinem eigenen Wohnhaus aufhalten könne. Nach drei Tagen gelang ihm mit seinen Kindern und einer Reihe von Mitchristen die Flucht. Unterwegs wurden sie dann aber gefangen genommen und nach Taposiris (heute Abu Sir am Nildelta) verschleppt. Hier befreite sie eine aufgebrachte Menschenmenge und versteckte sie in der Wüste Libyens.

Aus dem Bericht des Dionys wird deutlich, dass tatsächlich alle Bevölkerungsschichten zum Opfer anzutreten hatten. Trotz des grausamen Vorgehens der Behörden ist für Ägypten aber nicht mit sehr hohen Hinrichtungszahlen zu rechnen. Unser Gewährsmann spricht mit Blick auf Alexandrien von nicht einmal zwanzig Exekutionen. Die Zahl der Bekenner und derjenigen, die das Opfer darbrachten, dürfte somit die der Märtyrer um ein Vielfaches überstiegen haben.

Für Karthago ist der dortige Bischof Cyprian († 258) unser wichtigster Zeuge, da er eine ganze Korrespondenz und mehrere Traktate hinterlassen hat, in der die Verfolgung und die sich daraus ergebenden Konsequenzen thematisiert werden. In der nordafrikanischen Metropole bestand die Kommission, welche für die Durchführung des Edikts zuständig war, aus fünf Beamten. Die Opfer mussten auf dem Kapitol der Stadt vor dem Tempel von Jupiter, Juno und Minerva dargebracht werden. Jeder konnte also sehen, wer geopfert hatte. Wer sich weigerte, hatte Zeit, seine Entscheidung im örtlichen Gefängnis zu überdenken. Die Opferpflicht betraf auch Kinder: Ein kleines

Mädchen, dessen Eltern geflohen waren, wurde von seiner Amme zu den Behörden gebracht, wo man ihm vor einem Götterbild in Wein getränktes Brot gab, weil es noch kein Fleisch essen konnte.

Die Strafen bei fortdauernder Weigerung fielen unterschiedlich aus, wobei vermutlich sowohl der Status des Gefangenen als auch Bestechung eine Rolle spielten. Im mildesten Fall wurde der Besitz konfisziert. Zusätzlich konnte man ins Exil geschickt werden. Die Christin Bona wurde verbannt, obwohl sie – gegen ihren Willen – formal das Opfer vollzogen hatte. Nachdem ihre Verwandten sie gewaltsam dazu genötigt hatten, rief sie laut: «Nicht ich, sondern ihr habt es getan.» Auch längere Gefängnisaufenthalte waren möglich, doch ist nicht durchweg deutlich, inwiefern sie als Strafe (und nicht etwa als Untersuchungs- oder Beugehaft oder als Folge einer verzögerten Exekution) anzusehen sind, waren doch Haftstrafen nach römischem Recht eigentlich nicht vorgesehen.

Die Zahl derer, die freiwillig opferten, war hoch und sie umfasste durchaus auch hohe Würdenträger. Dazu zählte Bischof Fortunatianus von Assuras (nahe dem heutigen Sers, Tunesien). Aus Spanien hörte Cyprian zudem von seinen Amtskollegen Basilides und Martial, die geopfert hatten und daraufhin abgesetzt worden waren. Aber es gab auch etliche, die sich verweigerten: In einem Brief aus dem Gefängnis berichtet der karthagische Bekenner Lucianus von vierzehn Männern und vier Frauen, die zum Zeitpunkt der Abfassung unter der Folter oder im Bergwerk gestorben oder im Gefängnis verdurstet oder verhungert waren. Cyprian selbst suchte wie andere sein Heil in der Flucht und erlitt dadurch einen erheblichen Verlust, da sein Besitz konfisziert wurde. Aus seinem Versteck hielt er über etwa 14 Monate hinweg brieflich Kontakt zu seiner Gemeinde.

Nicht ganz so ergiebig sprudeln unsere Quellen für Rom. Immerhin wissen wir, dass Fabian, der Bischof der Hauptstadt, im Januar 250 hingerichtet wurde. Zwei Priester sowie ein Diakon wanderten in den Kerker, wo einer der Priester nach einem knappen Jahr starb. Ferner sind die Namen dreier weiterer Bekenner überliefert. In Rom kam es über der Frage des Umgangs mit den Apostaten zu heftigen kircheninternen Auseinandersetzungen, von denen noch zu sprechen sein wird (S. 120).

In Palästina wurde der bereits hochbetagte Bischof Alexander von Jerusalem in Caesarea eingekerkert, wo er verstarb. Gleiches galt für Babylas von Antiochien. Origenes wurde ebenfalls eingesperrt, auf dem Streckpferd gefoltert und mit dem Tod bedroht.

Im kleinasiatischen Smyrna verhaftete Polemon, der als Tempelverwalter (Neokoros) den Kaiserkult beaufsichtigte, die Priester Pionios und Limnos, die Sklavin Sabina sowie Asklepiades und Makedonia und schleppte sie auf die Agora der Stadt. Hier verweigerten die Inhaftierten das geforderte Opfer. Da Polemon nicht die Befugnis zum Vollzug der Todesstrafe besaß, ließ er die Christen zunächst ins Gefängnis bringen. Im Kerker wurde Pionios von reuigen Apostaten aufgesucht, denen er eine ausführliche Buß- und Ermutigungspredigt hielt – ein derartiger Verkehr mit Gemeindemitgliedern war durchaus nichts Ungewöhnliches: Viele erhofften sich von den für ihren Glauben Gefangenen, denen man eine besondere geistliche Vollmacht zuschrieb, Fürbitte und Vergebung der eigenen Sünden (S. 119).

Nachdem der Bischof der Stadt, Euktemon, geopfert hatte, erschien Polemon mit einem Kavallerieoffizier bei den Gefangenen und drängte sie unter Verweis auf den Bischof erneut zum Opfer. Schließlich kam es zum Prozess vor dem Prokonsul, der Pionios mehrfach foltern ließ. Als dieser trotz allem standhaft blieb, wurde er im Stadion der Stadt, ebenjenem Ort, an dem bereits Polykarp den Märtyrertod erlitten hatte (S. 47 f.), mit Limnos zu seiner Rechten und Asklepiades zu seiner Linken ans Kreuz geschlagen und in einem Ring aus brennendem Holz erstickt. Das Schicksal der übrigen Gefangenen ist unbekannt (*Martyrium des Pionios;* Datierung aber unsicher, vgl. S. 45). Ebenso erging es Bischof Karpos von Iulia Gordos (Provinz Asia, heute Gördes in der Westtürkei), dem Diakon Papylos (oder Pamphylos) von Tyateira (heute Akhisar) und der Agathonike in Pergamon unter dem sonst nicht näher bekannten Prokonsul Optimus (*Martyrium des Karpos, Papylos und der Agathonike*; möglicherweise aber bereits aus der Zeit Mark Aurels).

Die Tatsache, dass die Höchststrafe relativ selten verhängt wurde, lässt vermuten, dass Decius weniger an der physischen Vernichtung als vielmehr an der (erzwungenen) Integration der Christen interessiert war. Die Verfolgung scheint gegen Ende des Jahres 250 nachgelassen zu haben; sie gelangte mit dem Tod des Kaisers im Kampf gegen die Goten im Juni 251 an ihr Ende.

Das heißt freilich nicht, dass es unter dem Nachfolger des Decius, Trebonianus Gallus (251–253), zu keinen Repressalien mehr gekommen wäre. So wissen wir, dass Bischof Cornelius (251–253) wahrscheinlich Ende Mai oder Anfang Juni 253 aus der Hauptstadt ins benachbarte Centumcellae (Civitavecchia) ins Exil geschickt wurde, wo er auch starb. Er wurde später als Märtyrer gefeiert, wie die Inschrift auf seinem noch erhaltenen Sarg in der Lucinagruft in der Calixtus-Katakombe in Rom beweist. Auch seinem Nachfolger Lucius (253–254) erging es zunächst nicht besser. Als aber der Kaiser schon im August desselben Jahres ermordet wurde, konnte er wieder nach Rom zurückkehren.

In Karthago wurde noch vor dem Sommer 252 ein Opferedikt publiziert, dessen Reichweite möglicherweise örtlich beschränkt war. In diesem Zusammenhang kam es auch zu antichristlichen Ausschreitungen seitens der paganen Bevölkerung, über deren Verlauf nichts Genaues bekannt ist. Hintergrund könnte auch hier die seit geraumer Zeit im Reich grassierende Pest gewesen sein, die inzwischen Nordafrika erreicht hatte und deren Ausbruch man den Christen anlastete.

Die zweite reichsweite Verfolgung unter Valerian (253–260)

Auf Trebonianus Gallus folgte mit Valerian (253–260) ein weiterer Militär. Die ersten Jahre seiner Regierung waren für die Kirche eine glückliche Zeit. Am Hof soll es wieder zahlreiche Christen gegeben haben. Doch dann wendete sich plötzlich das Blatt. Dionys von Alexandrien führt den Sinneswandel auf den Einfluss des Fulvius Macrianus, Lehrer und «Versammlungsleiter» (*archisynagogos*) der ägyptischen Magier, zurück. Dieser habe Valerian dazu überredet, zauberische Handlungen vorzunehmen, bei denen es auch zu Säuglingsopfern gekommen sei, was die Christen bei Hof zu verhindern gesucht hätten. Daraufhin habe er dem Kaiser befohlen, «die reinen und heiligen Männer zu töten und zu verfolgen» (bei Euseb, *Kirchengeschichte* 7,10,4). Die Kindstötung zu mantischen Zwecken, die man unliebsamen Herrschern in der Antike häufiger unterstellt hat, dürfte Erfindung sein; die behaupteten Spannungen zwischen Magiern und Christen bei Hof könnten hingegen durchaus den Tatsachen entsprochen haben. Macrianus war unter Valerian bis zum obersten Kämmerer des Kaisers aufgestiegen und versuchte nach dessen Tod vergeblich, seine beiden Söhne auf den Kaiserthron zu befördern.

Im August 257 erging ein erstes, im genauen Wortlaut unbekanntes Edikt im Namen des Kaisers und seines Sohnes, des zweiten Augustus Gallienus. Wer die römische Religion nicht freiwillig anerkannte, sollte dazu gezwungen werden. Eine förmliche Abschwörung vom christlichen Glauben wurde offenbar nicht erwartet. Aber der Kaiser verhängte ein Versammlungsverbot und untersagte (nur?) den Christen das Betreten der Friedhöfe. Im Unterschied zur Religionspolitik des Decius richtete sich dieses Edikt ausschließlich gegen jene, welche die römische Religion nicht praktizierten, und somit vor allem gegen Juden und Christen. Ob es irgendwelche praktischen Auswirkungen auf Erstere hatte, ist nicht bekannt. Was die Christen betraf, so waren, wie noch deutlich werden wird, in erster Linie Kleriker im Blick. Als Strafe war für höhergestellte Geistliche das Exil vorgesehen; wir hören aber auch von Zwangsarbeit in Bergwerken und Inhaftierungen. Darüber hinaus sollte es den christlichen Gemeinden unmöglich gemacht werden, Gottesdienste durchzuführen, ihren Toten ein christliches Begräbnis zuteil werden zu lassen und auf den Friedhöfen der Märtyrer zu gedenken.

Als diese vergleichsweise milde Maßnahme keinen hinreichenden Erfolg zeitigte oder nicht flächendeckend durchgeführt wurde, wurde Anfang August 258 ein zweites, deutlich schärferes Edikt erlassen: Bischöfe, Priester und Diakone, die an ihrem Glauben festhielten, sollten sofort hingerichtet werden.

Das Eigentum hoher christlicher Mitglieder der Gesellschaft wie Senatoren und Ritter war zu konfiszieren. Bei hartnäckigem Festhalten am Christentum drohte auch ihnen die Todesstrafe. Hochgestellte Frauen wurden in die Verbannung geschickt, ihr Eigentum fiel ebenfalls an den Fiskus. Christliche Mitglieder des kaiserlichen Hofes *(caesariani)* wurden als Sklaven auf die kaiserlichen Ländereien verbracht. Als Test diente nach wie vor das Götteropfer. Grundsätzlich zielte also auch dieses Edikt auf den Klerus und darüber hinaus auf die vermögenden und einflussreichen Mitglieder der christlichen Gemeinden, durch deren Beseitigung die Kirche als Organisation endgültig zerstört werden sollte.

Wiederum haben wir aufgrund der Quellenlage die meisten Informationen über diese Verfolgung aus Ägypten und Nordafrika. Bischof Dionys war selbst eines der Opfer, wie er in einem Brief berichtet (bei Euseb, *Kirchengeschichte* 7,11,2–11). Er wurde gemeinsam mit einem Priester, drei Diakonen sowie einem zufällig in der ägyptischen Metropole weilenden römischen Geistlichen dem Präfekten Ägyptens, Lucius Mussius Aemilianus, vorgeführt und schließlich mitsamt seinem Klerus in das Dorf Kephro weit westlich von Alexandrien verbannt. Die Mitwirkung an Gottesdiensten und der Aufenthalt auf Friedhöfen (und damit die Teilnahme an Veranstaltungen an diesen Orten) waren ihm untersagt. Die Gemeinde in Alexandrien hielt daraufhin Gottesdienste ohne ihren Bischof ab, während der Verbannte in Kephro eine neue Gemeinde um sich scharte und unter der noch gänzlich paganen Bevölkerung missionierte. Dies scheint dem Präfekten zu Ohren gekommen zu sein, denn er wies den Klerikern in Kephro einzeln neue Verbannungsorte in der Mareotis, der Gegend westlich von Alexandrien, zu. Dionys landete infolgedessen in einem Nest, das recht nah an der Hauptstadt gelegen war. Das zweite Edikt scheint den Bischof nicht unmittelbar getroffen zu haben. Nach dem Ende der Verfolgung konnte er wieder nach Alexandrien zurückkehren.

In Nordafrika wurde Cyprian, der Bischof Karthagos, am 30. August 257 inhaftiert und dem Prokonsul Aspasius Paternus in dessen Gerichtssaal vorgeführt. Nach einem kurzen Verhör, in dem er sich nicht nur weigerte, das Götteropfer zu vollziehen, sondern auch, seine Priester zu denunzieren, wurde er nach Curubis, nördlich von Karthago (heute Qurba, Tunesien), verbannt. Von dieser malerischen Hafen- und Badestadt aus konnte der Bischof relativ mühelos mit seiner Heimatgemeinde Kontakt halten. So sandte er Briefe an afrikanische Kleriker, darunter mindestens neun Bischöfe, die zu Bergwerksarbeit in Numidien und andernorts verurteilt worden waren, um sie zu trösten, und unterstützte sie durch Geldspenden. Aus dieser Korrespondenz geht auch hervor, dass Frauen und Kinder ebenfalls der Verfolgung zum Opfer fielen.

Später kehrte Cyprian zunächst kurzzeitig nach Karthago zurück. Die Möglichkeit zur Flucht schlug er aus. Daraufhin wurde er am 13. September 258 erneut verhaftet und am folgenden Tag unter großer Anteilnahme seiner Gemeinde und der Bevölkerung der afrikanischen Hauptstadt auf den Landsitz des schwerkranken Prokonsuls Galerius Maximus gebracht und diesem dort vorgeführt. Der Richter fragte den Bischof nur noch ein einziges Mal, ob er zum Opfer bereit sei, und verlas, als der ablehnte, sogleich das Todesurteil. Unmittelbar darauf wurde Cyprian durch das Schwert hingerichtet, nachdem er noch den Henker *(speculator)* mit 25 Aurei entlohnt hatte. In der folgenden Nacht wurde sein Leichnam in einem feierlichen Fackelzug von seiner Gemeinde beigesetzt. Die Standhaftigkeit des afrikanischen Primas vor seiner Hinrichtung stellte für nachfolgende Märtyrer ausweislich der einschlägigen Berichte eine große Ermutigung dar. Immer wieder wird sein Name in den Martyrien des Jahres 259 als Vorbild erwähnt.

Im Frühling dieses Jahres gab es in Karthago neue Todesopfer, wie aus der *Passion des Montanus und Lucius* hervorgeht (deren Echtheit freilich strittig ist). Das Dokument besteht aus zwei Teilen: einem Brief einer Reihe von Klerikern aus dem Gefängnis und einem Bericht über das weitere Schicksal der Inhaftierten. Nachdem einer von ihnen bereits im Gefängnis verstorben war, sollten die übrigen verbrannt werden, doch ging das Feuer aus. So wurden sie wieder in den Kerker zurückgebracht, wo sie mehrere Monate verblieben und beinahe verhungert und verdurstet wären, wenn sie nicht Unterstützung von ihren Glaubensgenossen erfahren hätten. Schließlich wurden sie mit dem Schwert hingerichtet.

Aus Nordafrika stammt auch die *Passion des Marianus und Jakobus*, worin beiläufig die Hinrichtung der Bischöfe Agapius und Secundinus und zahlreicher weiterer Christen in Numidien erwähnt und ausführlicher das Schicksal der beiden Protagonisten, eines Lektors und eines Diakons, in Cirta (heute Constantine in Algerien) unter dem *legatus Augusti* (Statthalter) Gaius Macrinius Decianus geschildert wird. Sie wurden in einer Massenexekution am Ufer des Flusses Rhumel enthauptet, während der Verfasser der Passion, der selbst verhaftet wurde, mit dem Leben davonkam.

Was andere Regionen betrifft, so scheint die Verfolgung in ihrer zweiten Phase auch in Rom besonders schwer gewütet zu haben, wo unter anderem der Bischof der Stadt, nunmehr Xistus (Sixtus) II., am 8. August 258 zusammen mit vier Diakonen auf einem Friedhof hingerichtet wurde.

Abgesehen davon wissen wir von drei Martyrien in Caesarea in Palästina. Priscus, Malchus und Alexander seien wilden Tieren zum Fraß vorgeworfen worden, als sie sich freiwillig dem Richter präsentierten – eines der wenigen Beispiele für die Verurteilung *ad bestias* im Kontext der Verfolgungen aus der Mitte des 3. Jahrhunderts. Darüber hinaus wurde eine Frau, die zur christlichen Sekte der Markioniten zählte, exekutiert.

Die *Passion des Fructuosus, Augurius und Eulogius* aus Spanien erwähnt die Hinrichtung des Bischofs Fructuosus und zweier Diakone am 21. Januar 259 in Tarragona, der Hauptstadt der Provinz Hispania citerior (Tarraconensis). Nach sechs Tagen Kerkerhaft und einem kurzen Verhör vor dem *legatus Augusti* Aemilianus wurden sie im heute noch erhaltenen Amphitheater von Tarragona verbrannt. Die Passion berichtet in diesem Zusammenhang auch davon, dass Christen nachts versuchten, so viel wie möglich von der Asche der Hingerichteten zusammenzuraffen, dann aber von Fructuosus im Traum ermahnt wurden, sie zurückzugeben – ein deutlicher Hinweis auf den einsetzenden Reliquienkult.

Diese zweite reichsweite Verfolgung endete, als Valerian im Jahr 260 durch den Sasanidenherrscher Schapur I. bei Edessa gefangen genommen wurde und offenbar in der Gefangenschaft starb oder getötet wurde.

Die Blütezeit der Kirche (260–303)

Valerians Sohn Gallienus (260–268) hatte seit 253 mit seinem Vater gemeinsam regiert und war somit formal für die Verfolgung mitverantwortlich gewesen. Nach dem Tod seines Vaters änderte er jedoch radikal den Kurs seiner Religionspolitik. In einem allgemeinen Edikt verfügte er wohl noch im Jahr 260 die Einstellung der antichristlichen Maßnahmen und die Rückgabe der beschlagnahmten kirchlichen Güter. In einem Reskript an ägyptische Bischöfe sagte er darüber hinaus die Restitution der Kulträume und die freie Ausübung des Gottesdienstes zu. In einem weiteren, an andere Bischöfe gerichteten Schreiben wurde den Christen wieder der Besuch ihrer Friedhöfe erlaubt. Die Folgen waren für die Kirche von größter Bedeutung: Nicht nur hatte Gallienus die Situation vor der Verfolgung Valerians wiederhergestellt, er hatte die christliche Kirche *de facto* anerkannt, indem er ihr freie Religionsausübung garantierte und das Recht auf Grundbesitz ausdrücklich zubilligte.

Damit begann eine Blütezeit des Christentums im Römischen Reich, die mehr als vier Jahrzehnte andauern sollte: Aus der Zeit zwischen 260 und 303 sind uns nur ganz wenige Martyrien überliefert. Dazu zählt die Geschichte von dem Soldaten Marinus, der in Caesarea in Palästina hingerichtet wurde, nachdem er wegen seiner Beförderung zum Zenturio von einem Konkurrenten, der sich benachteiligt sah, als Christ verklagt worden war. Der Richter Achaios räumte ihm eine kurze Bedenkzeit ein, während der ihn Bischof Theoteknos darin bestärkte, an seinem Bekenntnis festzuhalten, woraufhin Marinus zum Tod verurteilt wurde. Sein Leichnam wurde sodann von dem reichen römischen Senator Asturius feierlich bestattet. Das Martyrium des Marinus ist in vielerlei hinsichtlich eigenartig, denn es passt überhaupt nicht in das allgemeine Bild der Regierungszeit des

Gallienus und seiner Nachfolger. Möglicherweise gehört es noch in die Anfangsphase, als nach der Gefangennahme Valerians die beiden bereits erwähnten Macrianus-Söhne (S. 75) kurzzeitig die östlichen Provinzen kontrollierten.

Kaiser Aurelian (270–275) soll seine zunächst tolerante Haltung später aufgegeben und auf Einflüsterung gewisser Berater hin eine Verfolgung der Christen geplant haben, doch konnte er die entsprechenden Erlasse entweder nicht mehr unterzeichnen oder wurde ermordet, bevor sie in die weiter entfernten Provinzen gelangten. Die Maßnahmen könnten mit der Förderung des Kults der «unbezwinglichen Sonne» *(sol invictus)* als des zentralen Reichsgottes durch Aurelian um 274 verbunden gewesen sein und zu Friktionen mit den Christen geführt haben, weil Letztere das Opfer gegenüber dem Sonnengott verweigerten (solche Weigerungen sind möglicherweise aus der Zeit Diokletians belegt – die Martyriumsberichte der Zeit Aurelians sind hingegen historisch kaum zuverlässig).

Von den übrigen Kaisern aus diesem Zeitraum besitzen wir schlechterdings keine konkreten Nachrichten über Maßnahmen für oder wider die Christen. Euseb beschreibt die Zeit von Gallienus bis Carinus allgemein als eine Blütezeit für die Kirche. Christen seien zu Provinzstatthaltern ernannt worden und zu diesem Zweck auch von den mit ihrem Amt einhergehenden kultischen Verpflichtungen entbunden worden. Bei Hof habe man offen seinen christlichen Glauben bekennen können, wobei er in besonderer Weise die einflussreichen *caesariani* Dorotheos und Gorgonios hervorhebt. Der Kirchenbesuch habe so stark zugenommen, dass neue und größere Kirchen erbaut werden mussten (*Kirchengeschichte* 8,1,1–6). Doch sollte es dabei nicht bleiben.

7. Der größte Angriff auf das antike Christentum: Die diokletianische Verfolgung und ihre Nachwirkungen (303–324)

Vorgeschichte

Die letzte und wohl auch schwerste Verfolgung traf die Christen des Römischen Reiches zu Beginn des 4. Jahrhunderts. In diesem Fall verfügen wir zwar über eine Vielzahl von Quellen, aber es ist fast unmöglich, sie in einer stringenten, in sich widerspruchsfreien Chronologie anzuordnen. So sind im Folgenden manche der Entwicklungen in ihrer Darstellung und die Zuordnung von Ereignissen zu bestimmten Daten hypothetisch. (Zur besseren Orientierung sei auf die Zeittafel am Schluss des Bandes verwiesen.)

Im Jahr 284 war Diokletian (284–305) an die Macht gekommen. Zwei Jahre später erhob er seinen Jugendfreund Maximian zum Mitkaiser: Diokletian wollte fortan den Osten des Reiches regieren, während sich Maximian um den Westen kümmern sollte. Aber Diokletian ging noch weiter: Um das große Reich vor den starken äußeren Feinden effektiv schützen zu können, führte er 293 eine Viererherrschaft (Tetrarchie) ein, indem Constantius (I.) Chlorus zum Caesar (d. h. Unterkaiser) für Gallien und Britannien und Galerius zum Caesar für Teile des Ostens ernannt wurden. Um diese Machtaufteilung zu stabilisieren, hoben die beiden Augusti unter anderem die Bedeutung der traditionellen römischen Kulte hervor und stellten sich unter den Schutz besonderer Götter. Diokletian sah sich beschirmt von Jupiter, dem «Erhalter», «Beschützer», «Erweiterer» und «Rächer» (des Reiches), wie es auf Münzen heißt, und führte daher den Beinamen *Iovius*, während Maximian sich dem Herkules anvertraute, der ähnliche Epitheta trug und außerdem als «Tugend» oder «Kraft» *(virtus)* verehrt wurde; daher nannte sich der zweite Kaiser auch *Herculius*.

Doch ging es Diokletian nicht nur um eine Rückkehr zur Verehrung der alten römischen Götter. Er förderte ebenso weitere Kulte, die beliebt waren und sich gut in das traditionelle religiöse Leben integrieren ließen. Dies gilt vor allem für den Mithras-Kult, eine Mysterienreligion, die ursprünglich aus Persien stammte und bei Soldaten außerordentlich populär war. So sind noch Inschriften aus Militärlagern erhalten, die bezeugen, dass die beiden Augusti dort Heiligtümer für diesen Gott errichteten, den man schon seit Längerem mit dem «unbezwinglichen Sonnengott» *(deus sol invictus)* gleichsetzte, ein Gott, dessen Verehrung, wie gesehen (S. 80), bereits von früheren Kaisern gefördert worden war. Der Kult des *sol invictus* eignete sich nämlich wegen seiner Unbestimmtheit hervorragend als religiöses «Dach», unter dem man verschiedenartige Formen der Götterverehrung versammeln, miteinander verknüpfen und so übergeordneten politischen Zielen dienstbar machen konnte.

Zwei Kulte ließen sich allerdings nicht ohne Weiteres in das römische Götterpantheon integrieren, weil deren Anhänger den Polytheismus ausdrücklich ablehnten und sich auch nicht – wie das Judentum – damit begnügten, unauffällig ihren eigenen religiösen Praktiken nachzugehen, sondern eine offensive Mission betrieben. Noch jünger als das Christentum war der Manichäismus, eine aus dem Sasanidenreich, dem Feind des Imperium Romanum (S. 114), stammende zoroastrisch-christlich-buddhistische Mischreligion, die sich von Mani (* 216, † 277) herleitete und am Ende des 3. Jahrhunderts als Folge intensiver Mission bereits in großen Teilen des Mittelmeerraums Fuß gefasst hatte. Gegen diesen neuen Kult richtete sich ein harsches Reskript, welches vermutlich am 31. März 302 erging. In der Einleitung wurde bekräftigt, dass eine «alte Religion» wie die der Römer nicht durch «neuartige und bisher unbekannte Sekten» in Frage gestellt werden dürfe – ein Grundsatz, der auch die spätere antichristliche Politik der Tetrarchen leitete. Es folgte sodann die Anweisung, den manichäischen Klerus und die manichäischen Schriften zu verbrennen und die gewöhnlichen Anhänger, sofern sie bei ihrem Glauben verharrten, zu enthaupten und ihr Vermögen zu beschlagnahmen. Mit manichäischen Gläubigen der römischen Elite ging man etwas milder um: Neben Konfiskation ihrer Güter galt für sie Zwangsarbeit in Bergwerken. Die getroffenen Maßnahmen lesen sich wie eine Blaupause für die späteren antichristlichen Edikte.

Schon zuvor war es zu vereinzelten Aktionen gegen Christen im Heer gekommen: Im nordafrikanischen Theveste (heute Tébessa in Ostalgerien) ließ der Prokonsul Cassius Dio den 21-jährigen christlichen Rekruten Maximilian am 12. März 295 mit dem Schwert hinrichten, weil dieser sich geweigert hatte, im römischen Heer Kriegsdienst zu leisten, welchen er als Sünde ansah. Die harsche Reaktion des Prokonsuls war in Fällen von Insubordination ein völlig übliches Vorgehen. Ein ähnlicher Vorfall ereignete sich im Sommer und Herbst wohl des Jahres 298 in der Stadt Tingis (Tanger), wo der Centurio Marcellus während eines Festessens zu Ehren der Kaiser dadurch einen Skandal verursachte, dass er seine Rangabzeichen vor den Legionsstandarten niederwarf und erklärte, als Soldat Jesu Christi den Kaisern fortan nicht mehr dienen zu können. Er wurde verhaftet und nach mehrmonatiger Gefangenschaft am 30. Oktober mit dem Schwert hingerichtet.

Gravierender als diese vereinzelten Vorkommnisse war ein Ereignis einige Jahre später bei Hof, als sich Diokletian im Osten des Reiches, vermutlich in Antiochien, aufhielt (299/300, nach anderer Datierung 302). Christliche Sklaven des Kaisers hatten sich bei paganen Zeremonien bekreuzigt. Daraufhin waren die offiziellen Weissagungen negativ ausgefallen, weshalb Diokletian von allen Palastbewohnern sowie von sämtlichen Soldaten des römischen Heeres ein Götteropfer forderte. Unter dem sonst unbekannten General Veturius scheint es dabei zu etlichen unehrenhaften Entlassungen und sogar zu einigen Martyrien gekommen zu sein.

Das erste antichristliche Edikt

Die Lage verschärfte sich grundlegend im Februar 303. Diokletian und sein Caesar Galerius hielten sich zu diesem Zeitpunkt in der Kaiserresidenz in Nikomedien (Bithynien, heute Izmit) auf. Der Unterkaiser war nicht unbeeinflusst von seiner Mutter Romula, der die Christen verhasst waren. Galerius selbst sah in ihnen offenbar eine Gefahr für das öffentliche Wohl und einen destabilisierenden Faktor im Reich. Darum versuchte er den Augustus zu überreden, gegen die Christen insgesamt vorzugehen. Diokletian hingegen zögerte: Er vertrat die Auffassung, es genüge, Christen vom Hof und vom Militär fernzuhalten, und wollte größeres Blutvergießen vermeiden. Führende Richter und Militärs aus dem engeren Umfeld, die *amici* («Freunde»), unterstützten jedoch die Meinung des Caesar. Zu ihnen zählte auch der Statthalter *(praeses)* der Provinz Bithynien, Sossianos Hierokles, der aus seiner Aversion gegen das Christentum ebenfalls kein Hehl machte (S. 23). Doch Diokletian schwankte immer noch. Erst als auch der Spruch des hoch angesehenen Apollon-Orakels von Didyma (heute Didim, Westtürkei) positiv ausfiel, stimmte Diokletian schließlich den Maßnahmen gegen die Christen zu, insistierte aber darauf, dass so wenig Blut wie möglich vergossen werde. So kam es bei Tagesanbruch des 23. Februar 303, als man im Reich das Fest zu Ehren des Terminus, des Gottes für die Grenzsteine, feierte, zunächst zur Plünderung und anschließend zur Zerstörung der Kirche Nikomediens.

Am folgenden Tag erging ein Edikt, wonach alle Kirchen niederzureißen und die Schriften der Christen zu verbrennen seien. Damit ging vermutlich auch ein Versammlungsverbot einher – oder zumindest wurde der Wortlaut des Edikts von einigen Provinzstatthaltern so interpretiert. Sodann sollten bekennende Christen der römischen Oberschicht ihre Ämter und Würden verlieren, der Folter unterworfen werden und außerdem ihrer Rechtsfähigkeit verlustig gehen. Bedienstete des kaiserlichen Haushalts *(caesariani)*, meistens Freigelassene, sollten zurück in den Sklavenstand versetzt werden, wenn sie nicht abschworen. Auch wenn wir den genauen Text dieses und der folgenden Edikte nicht besitzen, so darf man doch annehmen, dass sie ähnlich wie die erwähnte Maßnahme gegen die Manichäer begründet waren: Die Christen stellten einen Fremdkörper in der römischen Bevölkerung dar, verdarben die althergebrachte Sittlichkeit und Kultordnung und gefährdeten damit das Reichswohl. Ihre Religion musste daher unschädlich gemacht werden. Zu diesem Zweck wurden drakonische Maßnahmen verfügt, doch scheint Diokletian tatsächlich zunächst versucht zu haben, die Verhängung der Todesstrafe zu vermeiden.

Das Edikt wurde in Nikomedien öffentlich angeschlagen und in die Provinzen versandt, wo es in den darauffolgenden Wochen ebenfalls durch Aushang publik gemacht wurde. Dies führte in der Kaiserresidenz zu einer bemerkenswerten Äußerung zivilen Ungehorsams: Ein hochgestellter christlicher Würdenträger nahm die Verordnung ab und riss sie in Stücke, was umgehend zu seiner Hinrichtung führte.

Die bereits erwähnten kaiserlichen Beamten Dorotheos und Gorgonios (S. 80) und kaiserliche Sklaven, die zu ihnen gehörten, wurden zum Tod durch den Strang verurteilt. Dabei wurde einer der Sklaven in Gegenwart der Kaiser zunächst nackt in die Höhe gezogen und ausgepeitscht; sodann träufelte man ihm eine Lösung aus Essig und Salz in die Wunden; schließlich wurde er auf einem Feuerrost allmählich geröstet, ohne dass er seinen Glauben zu verleugnen bereit war. Er ging daran zugrunde.

Um Diokletian zu noch schärferen Maßnahmen zu bewegen, ließ Galerius Teile des Palastes durch seine Sklaven in Brand stecken und anschließend das Gerücht streuen, die Christen hätten mit den Hofeunuchen gemeinsame Sache gemacht, um die Kaiser zu ermorden. Diokletian gab daraufhin den Befehl, alle *caesariani* seines Haushalts zu foltern, um die Wahrheit herauszufinden – vergebens. Der Kaiser scheint jedoch keine weiteren Maßnahmen ergriffen zu haben. Möglicherweise kam es zwei Wochen später zu einem zweiten Brand mit unklarer Ursache. Galerius behauptete daraufhin, seine Sicherheit sei nicht mehr gewährleistet, und verließ Hals über Kopf die Stadt.

Diokletian war über die Vorgänge, die er augenscheinlich nicht durchschaute, so beunruhigt, dass er hart durchgriff. Seine Frau Prisca und seine Tochter Valeria mussten ein Opfer vollziehen; die mächtigen Hofeunuchen wurden hingerichtet. Darüber hinaus wurde auch der Bischof von Nikomedien, Anthimos, enthauptet. Eine unbestimmte Zahl von Priestern und Diakonen samt ihren Familien und Bediensteten wurde ebenfalls getötet.

Sie wurden gruppenweise verbrannt, während man die Sklaven des kaiserlichen Haushalts mit Steinen um den Hals im Meer ertränkte. Hingerichtete *caesariani*, die bereits erdbestattet worden waren, wurden wieder ausgegraben und ebenfalls im Meer versenkt, um eine Märtyrerverehrung an ihren Gräbern zu verhindern.

Doch waren dies zunächst lokale Maßnahmen, die sich auf Nikomedien beschränkten. Das Edikt vom 24. Februar hingegen galt reichsweit und führte an zahlreichen Orten zur Zerstörung von Kirchen und zur öffentlichen Verbrennung christlicher Schriften. Zusätzlich wurden die Kaiser des Westens, Maximian und Constantius, angewiesen, das Edikt ebenfalls zu implementieren. Maximian setzte es in seinem Machtbereich Italien, Nordafrika und Spanien so vollständig wie möglich um, während Constantius sich darauf beschränkte, Kirchengebäude in Gallien und Britannien (die ohnehin nicht zahlreich gewesen sein dürften) niederzulegen.

Gleichzeitig versuchte man, die Christen in der Weise von rechtlichem Schutz auszuschließen, dass man Altäre in den Gerichtssälen und vor dem öffentlichen Tribunal aufstellte und nur denen Zugang zum Gericht gewährte, die geopfert hatten. Aus Ägypten hat sich ein Brief auf Papyrus erhalten, aus dem hervorgeht, dass ein Christ namens Kopres einen paganen Freund damit beauftragte, in einem Rechtsstreit um ein Stück Land das vor einem Gerichtsverfahren in Alexandrien notwendige Götteropfer für ihn abzulegen (P. Oxy. 31.2601). Bischof Petrus von Alexandrien (S. 100, 107) bestrafte ein derartiges Verhalten in einem Kanon (Kirchengesetz) aus dem Jahr 306 mit sechs Monaten Kirchenbuße.

Die Verbreitung der Edikte im Reich und die Implementierung durch die jeweilige Provinzialadministration nahm einige Zeit in Anspruch. In Nordafrika haben wir die ersten Belege für die Umsetzung aus dem Juni 303. Dort wurden am Ersten dieses Monats in Thimidia Regia (Provinz Africa Proconsularis; südlich der heutigen Stadt Tunis) 27 Christen vor dem Prokonsul Gaius Annius Anullinus (303–305) angeklagt, weil sie gegen das Versammlungsverbot des Februar-Edikts verstoßen hätten.

Im Verhör weigerte sich ihr Anführer Gallonius, ihre christlichen Bücher auszuliefern und wurde dafür auf das Streckpferd gespannt und mit Eisenkrallen malträtiert. Als auch eine erneute Nachfrage nach dem Verbleib der verbotenen Schriften keinen Erfolg zeitigte, wurden zwei Mitchristen wegen Verstoßes gegen das Versammlungsverbot und wegen «frevlerischen Geschreis» zur Verbrennung, die übrigen allein wegen des ersten Anklagepunktes zum Tod durch das Schwert verurteilt – nur Gallonius wurde neuen Foltern unterzogen und nach Uthina (heute Oudhna in Tunesien) verbracht, der nächsten Station der Reise des Anullinus. Dort musste er mit zehn weiteren Christen erneut vor dem Richter erscheinen. Weiterhin verweigerte er – auch nach nochmaliger Folter auf dem Streckpferd – jegliche Auskunft und wurde wohl am 11. Juni 303 verbrannt, während die übrigen Christen mit dem Schwert hingerichtet wurden.

Auf das erste Edikt Diokletians bezieht sich auch die *Passion des Bischofs Felix*. Es wurde in der Stadt Tibiuca, ebenfalls in der Provinz Africa Proconsularis (Henchir-Zouitina in Tunesien), erst am 5. Juni 303 bekannt gemacht. Da Bischof Felix verreist war, führte man einen Priester und zwei Lektoren vor den höchsten Regierungsbeamten der Stadt *(curator civitatis)*, Magnilianus, und forderte sie auf, die «gottgemachten Bücher» auszuliefern. Die Kleriker behaupteten, der Bischof habe sie mitgenommen. Daraufhin wurden sie inhaftiert, um dem Prokonsul Anullinus überstellt zu werden. Bischof Felix gab nach seiner Rückkehr zu, die heiligen Bücher zu besitzen, weigerte sich aber, sie zu übergeben. Magnilianus nahm ihn daraufhin in eine dreitägige Beugehaft und drohte ihm an, ihn gleichfalls an den Prokonsul zu überstellen. Da er bei seiner Weigerung blieb, wurde er am 14. Juni nach Karthago transportiert und dort zunächst eingesperrt, bis er Anullinus vorgeführt werden konnte. Da er sich auch dem Prokonsul gegenüber unbeugsam zeigte, wurde er am 15. Juli enthauptet und in der Nähe der Märtyrer von Scili (S. 55 f.) begraben.

Ungefähr in die gleiche Zeit gehört das Martyrium von etwa 50 Christen aus Abitinae (nahe Medjez el-Bab in Nordtunesien) mit dem Priester Saturninus an der Spitze, die vom selben Statthalter in Karthago verhört wurden. Vorausgegangen war ein fehlgeschlagener Versuch in Abitinae, die von dem Lokalbischof Fundanus ausgelieferten Bücher auf dem Forum der Stadt zu verbrennen – ein Regenschauer mit Hagelschlag hatte die Flammen gelöscht. Im Prozess gaben die Angeklagten zu, Gottesdienst gefeiert zu haben, weigerten sich aber, ihre heiligen Schriften herauszugeben. Sie starben noch unter der Folter oder anschließend im Gefängnis, wo sich bereits eine große Zahl von Klerikern befand. Bischof Mensurius von Karthago (S. 121) und sein Diakon Caecilian sollen dabei verhindert haben, dass die Gefangenen von Mitchristen versorgt werden konnten, vielleicht weil sie die Beziehungen zum Statthalter nicht weiter belasten wollten und die Martyriumssehnsucht der Christen aus Abitinae mit Skepsis betrachteten. Die Eingesperrten verfügten daraufhin in einer Art Kerkerkonzil, dass man mit denen, die biblische Schriften ausgeliefert hatten (den sog. *traditores*), keine Kirchengemeinschaft haben dürfe, weil sie der ewigen Höllenqual verfallen seien. Darauf beriefen sich später die Donatisten (S. 121). Der stark literarisch stilisierte Märtyrerbericht, der offenbar auf den ursprünglichen Prozessakten beruht, schildert drastisch die Folterqualen auf dem Streckpferd und die Anwendung der Eisenkrallen (*Bekenntnisse und Akten der Märtyrer von Abitinae*).

Aus Cirta in Numidien (heute Constantine in Algerien) besitzen wir ferner die *Akten des Munatius Felix*, des paganen Oberpriesters und *curator* der Stadt. Daraus geht hervor, dass Felix am 19. Mai 303 mit weiteren Beamten zum Versammlungshaus der Christen kam und die Herausgabe der «Schriften des Gesetzes» und allen Besitzes der Gemeinde forderte. Dort wurde er von einer Gruppe lokaler Kleriker, angeführt von ihrem Bischof Paulus, empfangen. Dem Bischof gelang es zunächst, die Auslieferung der biblischen Bücher zu verzögern. Offenbar hatte man die gemeindeeigene Bibliothek leer geräumt und den Inhalt auf die Lektoren verteilt. Ihnen hatte man sodann aufgetragen, sich von der Kirche fernzuhalten. Paulus übergab demnach nur das sonstige Eigentum der Gemeinde, welches präzise aufgelistet wird (u. a. liturgisches Gerät und Kleidung). Schließlich brachten zwei Subdiakone auch einen Codex zum Vorschein. Sie weigerten sich aber, die Namen der Lektoren zu nennen, und wurden dafür verhaftet. Bei der anschließenden Inspektion der Häuser der sieben Lektoren wurden insgesamt 36 größere und kleinere Codices übergeben. Damit hatten sich – mit Ausnahme des Euticius, der erfolgreich an der Behauptung festhielt, keine Codices zu besitzen – technisch alle Lektoren der *traditio* schuldig gemacht.

Ein weiteres prominentes Beispiel für die Auslieferung von Büchern kennen wir aus Karthago, wo der bereits erwähnte Bischof Mensurius nach eigener Aussage die heiligen Schriften in Sicherheit gebracht und den Beamten nur einige «häretische» Bücher zurückgelassen hatte. Später wurden er und weitere Bischöfe dennoch der *traditio* beschuldigt. Ebenso wurde der donatistische Bischof Silvanus von Cirta unter anderem wegen dieses Vorwurfs noch geraume Zeit nach der Verfolgung vor Gericht gestellt und in die Verbannung geschickt.

Vielleicht aus dem März des Jahres 305 stammen die Akten einer Synode numidischer Bischöfe, welche in Cirta unter dem Vorsitz des Bischofs Secundus von Tigisis abgehalten worden sein soll. Hier suchte der Vorsitzende im Zusammenhang einer anstehenden Bischofsweihe durch Befragung seiner Mitbischöfe herauszufinden, welcher seiner Kollegen sich nicht kompromittiert hatte und so noch in der Lage war, die Weihe zu vollziehen. Ein Bischof gab an, vor dem *praeses* Florus (S. 90) geflohen zu sein. Ein anderer hatte nur unbedeutende Papiere, ein dritter medizinische Werke übergeben. Der vierte gestand, auf erheblichen Druck hin Evangeliencodices in die Flammen geworfen zu haben, sie seien aber bereits beschädigt gewesen. Unabhängig davon, ob die Akten echt sind (das hat man bereits wenig später bestritten), geben sie ein gutes Bild von den Reaktionsmöglichkeiten in dieser Phase der Unterdrückung.

Aus Ägypten sind Belege in Form von Papyrusfunden aus Oxyrhynchos für Konfiskationen von kirchlichem Eigentum unter dem dortigen Präfekt Clodius Culcianus (Amtszeit 301–307) erhalten geblieben. Aus diesen Urkunden, die auf den 5. bzw. 9. Februar 304 datieren, wissen wir auch, dass es in Ägypten bereits in kleinen Dörfern Kirchengebäude gab und die jeweiligen Gemeinden amtlich versichern mussten, dass ihr Eigentum abgeliefert worden war. Sämtliche Wertgegenstände wurden danach nach Alexandrien verbracht. Die einschlägigen Akten wurden für die verschiedenen Ebenen der Administration mehrfach ausgefertigt.

Das zweite und dritte antichristliche Edikt

Eine weitere Eskalationsstufe wurde laut Euseb durch Aufstände in den Regionen Melitene im östlichen Kappadokien und in Syrien erreicht (*Kirchengeschichte* 8,6,8). Die syrische Rebellion, die sich in und um Seleukeia und Antiochien abspielte, ist uns auch anderweitig bezeugt und hatte offenbar keinen religiösen Hintergrund. Warum der Kaiser so hart durchgriff, bleibt also letztlich ungeklärt, dürfte aber mit der Furcht vor Allianzen zwischen Usurpatoren und dem christlichen Klerus zu tun haben. Jedenfalls ordnete Diokletian in einem zweiten antichristlichen Edikt die Inhaftierung aller Kleriker an.

Die Maßnahme führte zu einer völligen Überfüllung der Gefängnisse. Offenbar angesichts zahlreicher Beschwerden aus den Provinzen befahl der Augustus daher noch im Jahr 303 in einem dritten Edikt, allen Gefangenen, die opferten, die Freiheit zu gewähren, und den übrigen Foltern anzudrohen und sie dann – so muss man schließen – ebenfalls freizulassen, wenn diese Wirkung gezeitigt hätten. Diokletian versuchte anscheinend weiterhin, unnötige Martyrien zu vermeiden. Hinrichtungen waren nicht ausdrücklich vorgesehen; standhafte Kleriker, welche die Foltern überlebten, sollten in den Gefängnissen verbleiben.

Die Realität sah allerdings anders aus. Euseb spricht von zahlreichen Martyrien vor allem in Africa, Mauretanien, in Ägypten und in der Thebais, also dem Herrschaftsbereich des Maximian, aber es ist unklar, ob sich dies nicht auf die Situation nach dem vierten Edikt bezieht (S. 93; *Kirchengeschichte* 8,6,10). Aus Numidien wissen wir von Hinrichtungen unter dem *praeses* Valerius Florus im Juni 303 in Milevis (heute Mila in Algerien).

In der Provinz Armenia minor fand am 12. Juli 303 ein Prozess vor dem Gouverneur Agrikolaos in Sebaste (heute Sivas in Zentralanatolien) statt. In der Gegend hatte es bereits eine Reihe von Martyrien gegeben. Vor Gericht standen nun der Lektor Ariston und der Kantor Severianus, die ein offenbar selbst verfasstes Pamphlet an Agrikolaos gesandt hatten, worin die beiden Augusti wegen der Christenverfolgungen verunglimpft wurden und die Verfasser ankündigten, Tempel in Brand zu stecken – sie hätten sich damit der schwersten Verbrechen schuldig gemacht, die das römische Recht kannte, des Majestätsverbrechens *(crimen laesae maiestatis)* und des Religionsfrevels *(sacrilegium)*.

Ariston blieb bei der Befragung durch den Statthalter standhaft, lehnte ein Götteropfer ab und wurde daraufhin zum Tod durch Verbrennen verurteilt. Von Severianus erfuhr der Statthalter hingegen nach Anwendung von Streckpferd und Eisenkrallen, dass man gar keine Tempel angezündet habe und dass nicht die beiden Angeklagten, sondern der Chorbischof (Landbischof) Athenogenes aus dem Ort Pedachthoe (Herakleioupolis, etwa 50 km nordnordwestlich von Sebaste) der Verfasser des Pamphlets gewesen sei. Er habe es ihnen überreicht, damit sie mit seiner Hilfe «Zeugnis ablegen» könnten. Severianus vollzog schließlich auch das Opfer.

Zu einem späteren Zeitpunkt wurde Athenogenes, der sich zunächst vor seinen Verfolgern versteckt hatte, inhaftiert und vor Gericht gestellt. Der Statthalter konfrontierte den Bischof mit der Beschuldigung des Severianus, deren Wahrheitsgehalt der Geistliche jedoch bestritt. Severianus wurde ihm daraufhin gegenübergestellt, widerrief zunächst im Angesicht des Bischofs seine frühere Aussage, wiederholte sie aber nach erneuter Folter. Athenogenes erklärte hingegen weiterhin, mit dem Dokument nichts zu tun zu haben. Es gelang dem Statthalter auch durch fortgesetztes Verhör nicht, in diesem Punkt Klarheit zu schaffen. Daraufhin änderte er seine Taktik und beschuldigte Athenogenes nunmehr, das Götteropfer nicht gemäß kaiserlichem Edikt zu vollziehen. Am Ende wurden beide zum Tod durch Verbrennen verurteilt *(Martyrium des Athenogenes von Pedachthoe)*.

Besonders gut sind wir durch Euseb über die Folgen der Edikte in Palästina unterrichtet. Erneut wird deutlich, dass es – trotz aller Grausamkeiten – nicht darum ging, ein Massaker unter den Geistlichen zu veranstalten, zumal zahlreiche Kleriker sogleich opferten. Man wählte häufig pragmatische Lösungen: Geistliche wurden gewaltsam zu den Opferaltären geführt, gezwungen, das Opfer zu berühren, und dann freigelassen. Darüber hinaus ließen Kleriker durch Freunde fälschlich bezeugen, sie hätten geopfert. Auch sie konnten gehen. Andere Christen schleifte man ein Stück weit über den Boden und ließ sie dann unter Schlägen frei, auch wenn sie laut protestierten, nicht geopfert zu haben, weil sie das Martyrium zu erleiden wünschten. Einer überlebte, weil man ihn nach den Folterungen fälschlich für tot gehalten und in ein Massengrab geworfen hatte.

Durch diese vergleichsweise milde Durchführung der Edikte ereigneten sich in Palästina unter dem *praeses* Flavianus nur wenige Martyrien, auffälligerweise nur unter Angehörigen des niederen Klerus. Als Erstes starb am 7. Juni 303 in Caesarea der Asket und Gelehrte Prokopios, Lektor und Exorzist der Kirche von Skythopolis (heute Bet Sche'an in Israel) durch das Schwert. Sodann wurden der Lektor und Exorzist Alpheus aus Caesarea und der Diakon Zachäus von Gadara (heute Umm Qais in Jordanien) nach schweren Foltern am 17. November 303 enthauptet. Der Diakon und Exorzist der Kirche von Caesarea, Romanus, hatte zur selben Zeit in Antiochien miterlebt, wie die Kirchen zerstört wurden und die Menschen massenhaft opferten. Er verursachte durch eine öffentliche Bußpredigt einen Aufruhr, wurde gefangen genommen und zunächst zum Tod auf dem Scheiterhaufen verurteilt. Als er bereits am Pfahl stand und das Holz um ihn aufgeschichtet war, wurde er wieder abgenommen und vor Kaiser Diokletian geführt, der sich in Antiochien aufhielt. Hier schnitt man ihm die Zunge heraus. Romanus wanderte anschließend zurück ins Gefängnis, wo er bis 304 eingekerkert blieb. Anlässlich des 20-jährigen Regierungsjubiläums Diokletians wurden die anderen Insassen des Gefängnisses entlassen, Romanus hingegen auf das Streckpferd gespannt und schließlich erdrosselt.

Das vierte antichristliche Edikt und seine Folgen (304–308)

Als auch diese drakonischen Maßnahmen nicht dazu führten, das Christentum dauerhaft zu unterdrücken, wurde schließlich in einem vierten Edikt Anfang 304 ein allgemeines Opfer, bestehend aus Speise- und Trankopfer vor den Götterbildern, angeordnet. Dabei enthielt das leider verlorene Edikt vermutlich die zusätzliche Bestimmung, das Opfer sei «für das Heil der Kaiser» darzubringen. Es ging also in erster Linie um einen Loyalitätsbeweis gegenüber der Reichsgewalt, der von den Christen vor den Götterbildern zu erbringen war. Die Juden waren von diesem Opfer ausdrücklich ausgenommen.

Die vier Edikte wurden nicht überall durchgesetzt. Teilweise hat man sich offenbar auf die Implementierung der ersten Verordnung beschränkt. Das gilt vor allem für den Westen, für den zunächst Maximian Herculius (mit seinem Caesar Constantius Chlorus) und nach dessen Abdankung 305 der neue Augustus Constantius und sein Caesar Severus (305–306) zuständig waren.

Zu den wenigen Martyrien im Herrschaftsbereich Maximians im Anschluss an das vierte Edikt zählen die Hinrichtung des Diakons Euplus in Catania auf Sizilien, der offenbar mit den (verbotenen) Evangelien in der Hand einen Aufruhr vor dem Gerichtssaal verursacht hatte *(Martyrium des Euplus)*, und das Leiden der Crispina aus Thacora (Provinz Africa Proconsularis, heute Taoura in Algerien), die am 5. Dezember 304 wegen Verweigerung des Opfers enthauptet wurde *(Passion der Crispina)*. Ansonsten bezeichnete sich später der einflussreiche Bischof Ossius (Hosius) von Córdoba (* um 256, † 359) als «Bekenner» unter Maximian. Weitere Nachrichten tragen überwiegend legendarischen Charakter.

In den Gebieten des Constantius (Britannien und Gallien) scheint es – abgesehen von Zerstörungen von Kirchengebäuden (S. 86) – zu überhaupt keinen Verfolgungen gekommen zu sein, im Gegenteil: Euseb berichtet, Constantius habe Christen bei Hof, die das angeordnete Götteropfer nicht vollzogen, sogar *gefördert* und sie in seine Leibwache aufgenommen (*Leben Konstantins* 1,16) – eine freilich wenig plausible Anekdote.

Nach dem baldigen Tod des Constantius (Juli 306) rückte zunächst Severus zum Augustus auf (ermordet September 307). Als dessen Caesar etablierte sich letztendlich der Sohn des Constantius, Flavius Valerius Constantinus, der als der «große» Kaiser Konstantin in die Geschichte eingehen sollte. Zu diesem Zeitpunkt waren alle Versuche, die Christen zu unterdrücken, im Westen längst beendet worden (sofern es hier überhaupt welche gegeben hatte). Im Osten gab seit der Abdankung Diokletians (305, zeitgleich mit Maximian Herculius) Galerius als Augustus den Ton an, als dessen Caesar Maximinus Daia fungierte.

Galerius und Maximinus Daia setzten die Verfolgung ohne Unterbrechung fort. Maximin versuchte, in seinem Herrschaftsgebiet Ägypten und Syrien rigoros alle Christen zu Opfern zu zwingen. Erste diesbezügliche Schreiben ergingen im Jahr 306: Darin wurde ein allgemeines Götteropfer angeordnet, welches ausnahmslos alle Untertanen zu vollziehen hatten. Die Durchführung oblag den städtischen Behörden. Im syrischen Caesarea wurde es dergestalt umgesetzt, dass Herolde alle Bewohner der Stadt aufforderten, sich zu den Tempeln zu begeben. Dort wurden ihre Namen von Militärtribunen nach eigens erstellten Listen einzeln aufgerufen.

Der Vollzug des Opfers scheint auch für Christen der Normalfall gewesen zu sein. Bekannt ist dies etwa für die Bischöfe Apollonios von Lykopolis in Mittelägypten (Thebais, heute Asyut), der freiwillig zum Tempel ging und dort vor aller Augen ein Trankopfer spendete, sowie für Plutarch von Sbeht (Apollinopolis in der Thebais, heute wohl Kom Isfaht), der das Opfer mit einem Großteil seiner Gemeinde darbrachte. Auch der hoch gebildete Bischof Stephanos von Laodikeia (heute Latakia in Syrien) zog es vor, zu opfern, was ihm bei Zeitgenossen den Vorwurf der Feigheit einbrachte.

Immer ist dabei das brutale Vorgehen der Statthalter zu berücksichtigen. Laktanz und Euseb berichten von den grausamen Foltern, die im Herrschaftsbereich der beiden Ostkaiser angewandt wurden. Nach Laktanz wurden unter Galerius standhaft gebliebene Christen an Pfähle gebunden. Unter ihren Füßen entfachte man ein Feuer, so dass sich die Haut von den Sohlen löste. Dann hielten die Folterknechte ihnen in regelmäßigen Abständen brennende Fackeln an die verschiedenen Gliedmaßen, während man gleichzeitig ihren Kopf mit Wasser überschüttete, damit der Tod sie nicht zu schnell erlöste. Nachdem sie schließlich qualvoll gestorben waren, wurden ihre Leichen auf einem Scheiterhaufen verbrannt und die Überreste anschließend in einen Fluss oder ins Meer geworfen (*Über die Todesarten der Verfolger* 21).

Euseb bietet eine nach Regionen geordnete Liste von Folter- und Hinrichtungsarten: Danach bevorzugte man in Arabia die Hinrichtung mit dem Beil und in Kappadokien das Brechen der Beinknochen. In Mesopotamien wurden die Verurteilten kopfüber über einem schwelenden Feuer aufgehängt und starben an Rauchvergiftung. In Alexandrien schnitt man ihnen Nasen, Ohren, Hände und andere Körperteile ab. In Antiochien wurden sie geröstet, gezwungen, einen Arm ins Feuer zu halten, oder im Meer ertränkt. Nicht selten wichen sie diesen Qualen durch Selbstmord aus, wie jene vornehme Frau und ihre beiden Töchter, die in Antiochen ihren Häschern dadurch entgingen, dass sie sich in den Fluss Orontes stürzten. Im Pontus trieb man ein scharfes Schilfrohr durch die Fingernägel in die Finger hinein, goss geschmolzenes Blei auf die Körper der Opfer oder schnitt ihnen langsam die Eingeweide oder andere Organe heraus. Allerdings mussten diese brutalen Maßnahmen später, offenbar auf Druck von oben, zurückgefahren werden, so dass man sich schließlich darauf beschränkte, den Christen ein Auge auszustechen und ein Bein zu lähmen. Falls sie weiterhin Widerstand leisteten, wurden sie zu Zwangsarbeit in den Erzbergwerken der Provinz verurteilt (*Kirchengeschichte* 8,12).

So kam es auch in den Jahren 304–308 zu zahlreichen Martyrien, die ich im Folgenden (in Auswahl) der Einfachheit halber nach Provinzen geordnet und in mutmaßlich chronologischer Reihenfolge betrachte.

Martyrien im Herrschaftsgebiet Diokletians oder Galerius. Ins Jahr 304 gehören die Ereignisse in der Provinz *Pannonia secunda*, welche in der *Passion des Irenäus*, des Bischofs von Sirmium (heute Sremska Mitrovica in Serbien), beschrieben werden. Der junge Geistliche wurde von Probus, dem *praeses* der Provinz, verhört und gefoltert. Dann wurden die Verwandten, Sklaven und Nachbarn des Bischofs herbeigebracht, um ihn zum Götteropfer zu überreden. Als dies nichts nützte, wurde er zurück ins Gefängnis gebracht und dort weiter malträtiert. Ein erneutes, von Schlägen begleitetes Verhör verlief ebenfalls erfolglos, so dass Irenäus schließlich in der Save ertränkt werden sollte. Der Verurteilte verlangte jedoch mit Erfolg die Hinrichtung durch das Schwert. Dies geschah schließlich auf einer Brücke über dem Fluss, in welchen seine Leiche anschließend geworfen wurde (6. April 304).

Aus Thessalonike in der Provinz *Mazedonien* ist uns das *Martyrium der Agape, Irene und Chione* erhalten. Die offenbar zölibatär lebenden Frauen waren bereits 303 in die Berge außerhalb der Stadt geflohen, wo sie Ende März 304 gefangen genommen und zunächst einem Polizeioffizier zum Vollzug des Götteropfers vorgeführt worden waren. Nach ihrer Weigerung wurden sie gemeinsam mit vier weiteren Frauen an den *praeses* von Mazedonien Dulcitius überstellt. Im Verhör lehnten sie erneut das Opfer ab und bestritten auch, christliche Schriften zu besitzen. Die hochschwangere Eutychia sowie die noch jungen Frauen Agatho, Irene, Cassia und Philippa wurden wieder ins Gefängnis zurückgebracht, Agape und Chione hingegen sogleich durch Verbrennen hingerichtet. Der Statthalter entdeckte sodann bei einer Hausdurchsuchung, dass Irene doch einschlägige Bücher besaß, und unterzog sie deshalb erneut einem Verhör. Anschließend verbrachte man sie nackt in das Bordell der Stadt und verbrannte die konfiszierten Schriften. Nachdem sie von den Kunden des Etablissements angeblich nicht angerührt worden war, wurde sie von Dulcitius erneut verhört, angesichts ihrer fortdauernden Weigerung zu opfern schließlich zum Feuertod verurteilt und am 1. April 304 hingerichtet. Das Schicksal der übrigen vier Frauen ist unbekannt.

In Durostorum (Provinz *Moesia Inferior*; heute Silistra in Bulgarien), wo die 11. Claudische Legion stationiert war, saß wohl im Jahr 304 der *praeses* Maximus über den Veteranen Iulius zu Gericht. Er gab an, während der ganzen 27 Jahre seiner Militärzeit Christ gewesen zu sein. Alle Versuche des Statthalters, ihn durch das Angebot von Geldzahlungen zum Opfer zu bewegen, schlugen fehl. Er wurde zum Tod verurteilt. Im selben Zusammenhang gab es noch zwei weitere Exekutionen *(Passion des Veteranen Iulius)*. Ebenfalls in Durostorum scheint es in derselben Zeit zur Enthauptung des Soldaten Dasius gekommen zu sein *(Martyrium des Dasius)*.

Was die Provinz *Bithynien* anbetrifft, so war von Anthimos bereits die Rede (S. 85). Laktanz widmete sein Werk *Über die Todesarten der Verfolger* dem Bekenner Donatus, der unter dem Prätorianerpräfekten Flaccinus, dem *praeses* Bithyniens, Sossianos Hierokles (S. 23), und dessen Nachfolger Priscillian neunmal (!) die Folter und sechs Jahre Kerkerhaft (305–311) überlebt hatte. Ein anderer Statthalter gefiel sich darin, einen Gefangenen über zwei Jahre so lange zu quälen, bis dieser schließlich opferte.

In der Provinz *Phrygia I* oder *II* wurde ein ganzes christliches Dorf, welches das Opfer ablehnte, von Soldaten in Brand gesteckt, wodurch sämtliche Einwohner ums Leben kamen. Wohl in derselben Provinz wurde ebenfalls der hohe kaiserliche Beamte Adauctus hingerichtet.

Martyrien im Herrschaftsgebiet des Galerius oder des Maximinus Daia. Zahlreiche Hinrichtungen sind uns aus der Provinz *Syrien-Palästina* bekannt: In Gaza verbrannte man einen gewissen Timotheos. In Caesarea wurden sechs Christen, die sich selbst beim *praeses* Urbanus (Amtszeit 304–307/308) angezeigt hatten, gemeinsam mit zwei anderen enthauptet (24. März 305). Auf den Beginn der Verfolgung ist auch die Hinrichtung von acht Ägyptern in Tyros zu datieren: Sie wurden gegeißelt und mussten anschließend mit Panthern, Bären, Ebern und Stieren kämpfen. Die Verurteilten wurden von den Tieren jedoch nicht angegriffen, weswegen sie zuletzt mit dem Schwert hingerichtet und ihre Leichname ins Meer geworfen wurden.

Der Schüler des gelehrten Pamphilos (S. 99, 104), ein 19-jähriger, philosophisch und theologisch hochgebildeter Asket vornehmer Abstammung namens Apphianos, erregte in Caesarea dadurch einen Skandal, dass er den Statthalter Urbanus an der Hand packte, um ihn am Götteropfer zu hindern. Daraufhin wurde er von der Leibwache ergriffen, ins Gefängnis geworfen und dort in den Stock gelegt. Dann wurde er Urbanus vorgeführt und, als er das Opfer ablehnte, mit unfassbarer Grausamkeit gequält: Mehrere Male wurde er so gegeißelt, dass ihm die Haut in Fetzen herabhing. Als auch das nichts nützte, hüllten die Folterknechte seine Füße in Leinen, welches sie in Öl getränkt hatten, und zündeten sie an. Drei Tage später, am 2. April 306, wurde der halbtote junge Mann wiederum vor den Richter geschleppt und, als er das Opfer erneut ablehnte, im Meer versenkt. Eine Flutwelle infolge eines Erdbebens spülte den Leichnam wieder an Land.

Der Halbbruder des Apphianos, der christliche Philosoph Aidesios, wurde nach einer gewissen Zeit in Kerkerhaft zu Zwangsarbeit in den Kupferminen Palästinas verurteilt. Er kam schließlich frei und wandte sich nach Alexandrien (S. 105). Zur selben Zeit wurde in Tyros ein junger Mann misshandelt und dann zusammen mit einem Hund und einer giftigen Schlange in eine Rindshaut eingenäht und ins Meer geworfen.

Am 20. November 306 kam es in Caesarea während der Spiele, die Maximinus Daia zur Feier seines Geburtstags veranstaltete, in Gegenwart des Kaisers zu einer weiteren Hinrichtung: Ein gewisser Agapios wurde den Tieren vorgeworfen und dabei durch einen Bären schwer verletzt. Da er die Qualen überlebte, wurde er am nächsten Tag im Meer versenkt. Im April 307 wurde wiederum in Caesarea die 17-jährige Asketin Theodosia inhaftiert. *Praeses* Urbanus ließ sie bis auf die Knochen foltern und schließlich ertränken, während er weitere Bekenner zu Zwangsarbeit im Kupferbergwerk von Phaino (heute Feinan östlich des Wadi Araba in Jordanien) verurteilte.

Dasselbe Schicksal erlitt am 5. November 307 der Bischof Silvanus von Gaza mit seinen Gefährten. Im selben Verfahren wurde der Bekenner Domninus zum Feuertod verurteilt. Drei

Männer wurden zum Faustkampf in der Arena bestimmt und später, als sie sich dieser Tätigkeit widersetzten, in Bergwerke verbracht. Der Priester Auxentios wurde den Tieren vorgeworfen. Andere kastrierte man und transportierte sie dann in die Minen. Drei junge Frauen kamen ins Bordell, wieder andere wurden inhaftiert. Pamphilos, der Lehrer Eusebs, musste zunächst dem Statthalter im Hinblick auf seine philosophischen Kenntnisse Rede und Antwort stehen und sollte dann opfern, was er ablehnte. Daraufhin wurde er mit Eisenkrallen malträtiert und mit anderen ins Gefängnis zurückgebracht (S. 104).

Im Folgejahr überstellten die Behörden eine Gruppe von 97 ägyptischen Bekennern, die auch Frauen und kleine Kinder umfasste, aus dem mittlerweile offenbar überfüllten Steinbruch Mons Porphyrites in der Thebais (etwa 55 km westlich vom heutigen Badeort Hurghada am Roten Meer) nach Diocaesarea (Sepphoris, nördlich von Nazareth). Als sie (erneut?) das Opfer ablehnten, ließ ihnen der Statthalter Firmilianus (308–310) die Sehnen des linken Fußes durchschneiden und das rechte Auge zunächst ausstechen und dann mit einem glühenden Eisen ausbrennen. Schließlich verbrachte man sie in die Bergwerke der Provinz Syrien-Palästina.

Eine Gruppe, die in Gaza beim Bibelstudium ertappt worden war, wurde in Caesarea teilweise auf die gleiche Art verstümmelt, teilweise noch schwerer gefoltert. Eine Asketin unter ihnen, der man die Verbringung in ein Bordell angedroht hatte, beschimpfte den Kaiser, was zur Folge hatte, dass man sie auspeitschte, an einen Pfahl oder ein Kreuz hängte und fortfuhr, sie zu martern. Als daraufhin eine andere bekannte Asketin, Valentina aus Caesarea, angesichts des blutigen Schauspiels den Richter anfuhr, wie lange er die Frau noch quälen wolle, wurde sie ebenfalls festgenommen, gefoltert und schließlich gewaltsam zum Altar geschleift. Hier gelang es ihr, den Tisch samt dem Opfer umzustoßen. Daraufhin wurde sie zunächst mit Eisenkrallen zerfleischt, sodann mit der anderen Frau zusammengebunden und verbrannt. Der ebenfalls verurteile Paulus bat vor seiner Enthauptung den Scharfrichter um kurzen Aufschub und betete mit lauter Stimme nicht nur für seine Mitgefangenen, sondern auch für Kaiser, Richter und Henker (25. Juli 308). Schließlich wurden erneut 130 Gefangene, die in gleicher Weise wie die frühere Gruppe verstümmelt worden waren, aus den ägyptischen Bergwerken in Minen nach Palästina und Kilikien transportiert. Unbekannten Datums sind die Martyrien des Bischofs Tyrannion von Tyros und des Priesters und Arztes Zenobios aus Sidon, die in Antiochien hingerichtet wurden.

In der Provinz *Ägypten* kam es unter Präfekt Clodius Culcianus (Amtszeit 301–307) zu ausgedehnten Misshandlungen an Christen, woran sich offenbar auch die Bevölkerung beteiligte, wie wir aus einem Brief des Bischofs Phileas von Thmuis (im Nildelta) wissen, den dieser im Gefängnis unmittelbar vor seiner eigenen Hinrichtung (s. u.) verfasste: Menschen wurden mit Ruten, Geißeln, Riemen und Stricken geschlagen. Sie wurden mit den Händen auf dem Rücken gebunden an Pfählen aufgehängt, an allen Gliedmaßen gestreckt und anschließend mit Folterwerkzeugen bearbeitet. Andere wurden an einem Arm an der Decke des Gerichtssaals aufgehängt. Wieder andere wurden oberhalb des Fußbodens mit Bändern an Säulen gebunden, so dass sich infolge der Schwerkraft die Riemen tief in die Haut einschnitten. Wer noch lebte, konnte außerdem auf die Streckbank gelegt werden. Viele überlebten diese Foltern nicht; andere wurden halbtot ins Gefängnis zurückgebracht und starben dort an den Folgen ihrer Verletzungen. Einige genasen und wurden dem Statthalter erneut vorgeführt, um sie zum Opfer zu zwingen, was viele offenbar weiterhin ablehnten. Wieder andere, wie Bischof Petrus von Alexandrien (S. 86, 107), zogen in dieser Phase der Verfolgung die Flucht vor.

Die Pogrome machten auch vor Würdenträgern wie Philoromos nicht halt, einem hohen Beamten der kaiserlichen Verwaltung, der gemeinsam mit Bischof Phileas enthauptet wurde. Die *Akten des Bischofs Phileas* berichten, dass dieser in Thmuis verhaftet, von dem Präfekten Culcianus verhört, gefoltert und in Ketten gefesselt nach Alexandrien gebracht wurde. Dort musste er weitere vier Male vor dem Präfekten erscheinen, der offensichtlich größtes Interesse daran hatte, das Leben seines Angeklagten zu retten. In diesem Zusammenhang wurde er mehrfach geschlagen. Beim fünften Verhör standen auch zwanzig Priester mit ihm vor Gericht. Der Statthalter bot ihm nun sogar an, nicht den Göttern, sondern – in unspezifischer Form – «dem Herrn allein» zu opfern. Dies lehnte Phileas ab: Christen sei es grundsätzlich nicht gestattet, blutige Opfer darzubringen. Perfiderweise machte Culcianus das Schicksal der mitangeklagten Priester von dem Verhalten ihres Bischofs abhängig: Opfere er, so werde das Leben der Kleriker verschont. Bereits in einem früheren Verhör hatte der Statthalter auf das Verhalten eines Priesters verwiesen, der genau dies getan habe. Etwas später forderte Culcianus ihn auf, seinem Gewissen zu folgen und so das Leben seiner Söhne und seiner Frau zu retten, was Phileas unter Verweis auf die alleinige Bindung an Gott erneut ablehnte. Der Bischof wurde von Rechtsbeiständen begleitet, die versuchten, ihn durch einen Trick freizubekommen, indem sie – möglicherweise in Absprache mit dem Präfekten – behaupteten, der Bischof habe im *secretum* (dem nichtöffentlichen Gerichtssaal) bereits geopfert, was dieser vehement bestritt. Schließlich blieb ihnen nur, um weiteren Aufschub des Urteils zu bitten. Phileas jedoch wünschte keine weitere Bedenkzeit und wurde daher offenbar unmittelbar nach dem letzten Verhör am 4. Februar 306 zusammen mit Philoromos enthauptet. Das Schicksal der übrigen Angeklagten ist unbekannt. Hingerichtet wurden außerdem die Bischöfe Hesychios, Pachymios und Theodor.

In der Provinz *Thebais* ereignete sich am 19. Mai 304 das Martyrium des hoch angesehenen Arztes Koluthos, der in Antinoupolis auf dem Ostufer des Nils (10 km südlich vom heutigen Beni Hasan) auf das Tribunal vor den zuständigen *praeses* der Provinz Thebais, Satrius Arrianus (Adrianus; 305/306–307) geführt wurde. Koluthos hatte offenbar im Zusammenhang des ersten Edikts die Herausgabe christlicher Schriften verweigert und dafür bereits vor Gericht gestanden. Die Tribüne war nunmehr umstellt von zahlreichen Christen, die geopfert hatten und Koluthos beschworen, es ihnen gleich zu tun. Arrianus, der seine Pflicht, das kaiserliche Edikt umzusetzen, offensichtlich nur widerwillig erfüllte, versuchte den Arzt wortreich unter

Hinweis auf seine Verwandten und auf seinen Stand zum Opfer zu bewegen und drohte ihm schließlich den Feuertod an. Dann verwies er auf Bischöfe in der Thebais, die bereits geopfert hätten, sowie auf die Umstehenden. Doch alles gute Zureden war umsonst – Koluthos schwieg die meiste Zeit oder brachte in wenigen Worten seine Verweigerung zum Ausdruck. Mehrfach baten die Anwälte auch in diesem Fall um Bedenkzeit, die der Statthalter auch durchaus zu gewähren bereit war – aber der Arzt lehnte ab. Daraufhin ließ Arrianus ihn auf das Streckpferd spannen und ihm einen großen Stein um den Hals hängen. Als auch das nichts half, brüllte er den schweigsamen Angeklagten an, es werde von ihm kein Redewettstreit erwartet, er solle lediglich das Opfer vollziehen. Schließlich gab er verzweifelt auf und verlas das Urteil: Tod durch Verbrennen. Es wurde sofort vollzogen.

Auch der einfache Klerus stand im Visier der Behörden, doch nahm man sich bei seinen Vertretern deutlich weniger Zeit. So fand gegen Ende 305 in der Hafenstadt Kleopatris am linken Nilufer ein Prozess gegen einen Priester Stephanos aus dem Dorf Lenaios im Bezirk von Antinoupolis in Mittelägypten statt. Er muss in aller Kürze abgewickelt worden sein. Doch selbst hier versuchte der *praeses* Arrianus den Angeklagten noch vergeblich davon zu überzeugen, ein Götteropfer zu leisten. Als dies nichts fruchtete, wurde der Priester verbrannt.

Der Statthalter Arrianus hat in der Märtyrertradition als brutaler Hauptverfolger der Christen tiefe Spuren hinterlassen, wobei die Differenz zu seinem relativ gemäßigten Verhalten gegenüber Koluthos nicht ohne Weiteres zu erklären ist. Euseb beschreibt aus eigener Anschauung seine Grausamkeit in dunkelsten Farben: Den Christen schnitt man mit Scherben die Haut auf. Frauen wurden nackt kopfüber an einem Bein aufgehängt und in die Luft gezogen. Verurteilte zerriss man zwischen auseinanderschnellenden Ästen bzw. Bäumen, an die sie festgebunden worden waren. Diese Verfolgungen erstreckten sich über mehrere Jahre, wobei die Zahl der Exekutierten bis zu 100 an einem Tag umfassen konnte. Selbst Kinder wurden nicht verschont. Zeitweise konnten die Henker die Hinrichtungen nur in mehreren Schichten und mit immer neuen Schwertern bewältigen. Offenbar kam es auch des Öfteren zu Selbstanzeigen von Christen (*Kirchengeschichte* 8,9,1–5).

Erneuerung der Verfolgung unter Maximinus Daia (309–311)

Im Herrschaftsbereich des Maximinus Daia verlief die Unterdrückung des Christentums in Wellen. Seit dem Sommer 308 scheinen die Pressionen nachgelassen zu haben. Die Gefangenen aus den Bergwerken in der Thebais wurden freigelassen. Aus unbekanntem Grund wurde die Verfolgung in einem weiteren Edikt Maximins (etwa Sommer/Herbst 309) dann aber wieder intensiviert. Die verfallenen Tempel der römischen Götter sollten demnach wiederaufgebaut werden. Dort war sodann von der gesamten Bevölkerung bis hin zu Säuglingen (!) ein Speise- und Trankopfer darzubringen und von dem Opferfleisch zu essen. Doch die Schikanen gingen noch weiter: Sämtliche Lebensmittel, die auf dem Markt angeboten wurden, mussten mit Opferwein beträufelt werden. An den Ausgängen der öffentlichen Bäder wurden Türsteher postiert, die die Badegäste ebenfalls mit geweihtem Wein besprengten. Damit wurde es den Christen praktisch unmöglich gemacht, ein normales Leben zu führen, ohne in irgendeiner Weise mit den traditionellen Kulten in physischen Kontakt zu kommen. Die Maßnahmen waren auch bei Heiden unpopulär. Unter den Christen führten sie dazu, dass drei Männer am 13. November 309 in Caesarea den Statthalter Palästinas, Firmilianus (S. 99), attackierten, sich zum einen Gott und Weltenschöpfer bekannten und daraufhin unverzüglich enthauptet wurden. Der Oberkörper einer christlichen Asketin wurde entblößt und die Frau anschließend unter Peitschenschlägen durch Caesarea bis vor das Gerichtstribunal getrieben, wo Firmilian sie schließlich zum Verbrennungstod verurteilte. Die Leichen der Hingerichteten warf man den Tieren der Wildnis zum Fraß vor.

Am 14. Dezember 309 wurde eine Gruppe ägyptischer Christen, die zur Unterstützung der Bekenner in den Bergwerken nach

Kilikien (S. 100 und unten) unterwegs war, bei einer Kontrolle am Stadttor von Askalon (heute Aschkelon, Israel) festgenommen. Firmilian ließ sie wie schon ihre kilikischen Mitchristen an Auge und Fuß verstümmeln, einen aus der Gruppe verbrennen und zwei andere enthaupten. Ebenfalls den Feuertod erlitten am 11. Januar 310 der junge Asket Petrus Apselamos sowie Asklepios, ein Bischof der christlichen Sekte der Markioniten.

Das Martyrium ereilte schließlich auch den Priester Pamphilos, den Lehrer Eusebs (S. 104). Er hatte gemeinsam mit dem greisen Diakon Valens aus Jerusalem und einem gewissen Paulus aus Jamnia (heute Jawne in Israel) bereits seit mehr als zwei Jahren in Caesarea im Gefängnis gesessen (S. 99). Bei ihnen befanden sich fünf Ägypter. Sie waren auf der Rückreise von Kilikien verhaftet worden, wohin sie Mitchristen, die zu Zwangsarbeit in den Bergwerken verurteilt worden waren, begleitet hatten. Am 16. Februar 310 wurden diese Ägypter Firmilian vorgeführt und nach langem Verhör und Folterungen enthauptet. Das gleiche Urteil erging über Pamphilos und seine Gefährten. Ein junger Haussklave und Schüler des Pamphilos namens Porphyrios, der aus der Menge heraus gefordert hatte, die Leichen der Märtyrer angemessen bestatten zu dürfen, wurde ebenfalls festgenommen, gemartert und verbrannt. Der Bekenner Seleukos, ein Veteran aus dem römischen Heer, überbrachte Pamphilos die Nachricht vom Tod seines Schülers. Als Seleukos dabei beobachtet wurde, wie er einem der Inhaftierten einen Bruderkuss gab, brachte man ihn zum Statthalter, der ihn sofort enthaupten ließ. Ihm folgte ein hoher Angehöriger aus Firmilians eigenem Haushalt, der alte Theodulos, der ebenfalls einen Gefangenen mit einem Kuss begrüßt hatte und darum gekreuzigt wurde. Das letzte Opfer war Julianos, der die hingerichteten Christen umarmt und geküsst hatte und dafür verbrannt wurde. Erneut wurden die Leichen zunächst den wilden Tieren zum Fraß vorgeworfen, aber, als dies vier Tage lang nicht zum gewünschten Ergebnis führte, schließlich doch bestattet. Als letzte Märtyrer in Caesarea wurden Hadrian und Eubulos im März 310 zunächst zum Tierkampf verurteilt und anschließend enthauptet.

Die Bedingungen der Zwangsarbeit im Kupferbergwerk von Phaino waren insgesamt so lax, dass die dortigen Christen auch Gottesdienst feiern konnten. Dies entdeckte Firmilian auf einer Inspektionsreise und berichtete dem Kaiser über die Zustände. Hierauf wurde ein Teil der Bekenner nach Zypern, in den Libanon und an andere Orte verbracht. Vier Männer mit Leitungsfunktionen, darunter zwei ägyptische Bischöfe namens Peleus und Neilos, erlitten den Feuertod. Alte und gebrechliche Christen wie Bischof Silvanus von Gaza (S. 98) oder der blinde Johannes, dem man nachsagte, er könne die gesamte Bibel auswendig, wurden zunächst vom Arbeitsdienst befreit. Später wurden 39 der Zwangsarbeiter, darunter die Genannten, doch noch enthauptet.

Aidesios, Halbbruder des in Caesarea hingerichteten Apphianos (S. 98), erlebte in Alexandrien, wie der Präfekt Sossianos Hierokles (Amtszeit 310/311, S. 23) Christen verurteilte und dabei auch Frauen zur Prostitution bestimmte. Daraufhin attackierte er den Statthalter und verprügelte ihn. Er wurde gefoltert und ertränkt.

Das Toleranzedikt des Galerius und die Situation im Osten des Reiches

Alle Versuche, das Christentum auszutilgen, schlugen jedoch fehl. Daher änderte schließlich der todkranke Galerius seine religionspolitische Strategie. Am 30. April 311 veröffentlichte er ein Edikt, aus dem hervorging, dass er nunmehr die Kirche zu tolerieren bereit war. Die Christen durften ihre Religion wieder ausüben und ihre Versammlungsstätten herrichten. Dafür forderte er als Gegenleistung das Gebet der Kirche für das Imperium und seine Lenker und damit einen Beitrag für das «öffentliche Wohl» nach alter Väter Sitte. Allerdings wurde das Edikt, das nur im Namen von Galerius, Licinius und Konstantin ergangen war, im Osten offenbar noch nicht flächendeckend umgesetzt. Licinius war im November 308 nach dem Tod des Severus von Galerius zum Mitaugustus für den Westen ernannt worden. Als auch Galerius nur wenige Tage nach Veröffentlichung des Toleranzedikts starb, übernahm Licinius den Balkan, während Maximinus Daia seinerseits das Territorium, das er bisher kontrolliert hatte (Ägypten, Syrien), um Kleinasien erweitern konnte.

In den Gebieten des Maximinus Daia, der das Toleranzedikt nicht unterzeichnet hatte, blieb die Situation weiterhin unsicher. Zunächst wurde auch hier die Verfolgung eingestellt. Es sei sinnlos, so begründete der Prätorianerpräfekt (Befehlshaber der kaiserlichen Garde) Sabinus etwa im Mai 311 die neuerliche Kehrtwende in der kaiserlichen Politik in einem Brief an die Statthalter, die Christen durch Zwang von ihrer halsstarrigen Verweigerung des Götteropfers abbringen zu wollen. Darum sollten sie fortan toleriert und staatlich geschützt werden. Von einer Erlaubnis zur Wiederherstellung der Kirchen war freilich nicht die Rede. Dies führte immerhin dazu, dass die Gefangenen freigelassen wurden und das gemeindliche Leben neu erblühte.

Doch nach einer halbjährigen Pause begannen die Schikanen erneut. Euseb und Laktanz machen dafür den schlechten Charakter des Kaisers verantwortlich, dessen Gewalttätigkeit und Sexsucht sie in düsteren Farben schildern. Gleichzeitig heben sie seine emsige Opfertätigkeit und seine strenge Orakelgläubigkeit sowie sein Bemühen hervor, die traditionelle Religiosität durch den Bau neuer Tempel zu befördern (Euseb, *Kirchengeschichte* 8,7–14; Laktanz, *Über die Todesarten der Verfolger* 37–41).

Zunächst wurden christliche Versammlungen auf Friedhöfen verboten. Sodann wurden – in einer zentral gesteuerten Aktion – in einigen Städten Petitionen an den Kaiser gerichtet, er möge Christen das Aufenthaltsrecht verweigern oder ihnen doch zumindest nicht gestatten, innerhalb der Städte Kirchen zu errichten. Die Bittgesuche und das kaiserliche Reskript wurden in den Städten angeschlagen und beförderten eine antichristliche Pogromstimmung. In seinem Antwortschreiben stellte der Kaiser einen unmittelbaren Zusammenhang zwischen der Verehrung der römischen Götter und der Wohlfahrt der jeweiligen Städte und deren Schutz vor Krieg und Naturkatastrophen her. Ein allgemeines Götteropfer wurde zwar nicht angeordnet; aber wenn die Christen an ihrem Glauben festhielten, sollten sie aus den jeweiligen Städten ausgewiesen werden. Darüber hinaus wurden den Altgläubigen weitere Wohltaten in Aussicht gestellt. Der Kaiser ließ zudem aus den lokalen Eliten aller Provinzen und Städte Oberpriester ernennen, denen Opferpflichten oblagen und die zu überwachen hatten, dass die Christen weder neue Kirchen errichteten noch überhaupt zum Gottesdienst zusammenkämen.

Darüber hinaus setzte eine Propagandakampagne gegen die Christen ein: Frauen in Damaskus gestanden unter der Folter, dass in den Kirchen Orgien stattfänden, was sodann durch den Kaiser allenthalben bekanntgemacht wurde. Die Hinrichtung war zwar inzwischen verboten, aber die Bekenner wurden an Augen, Händen, Füßen, Nasen oder Ohren verstümmelt. In einigen Städten kam es trotzdem zu Martyrien unter Kirchenleitern: Zu den Opfern zählten der greise Bischof Silvanus von Emesa (Homs) mit zwei weiteren Christen, die den Tieren vorgeworfen wurden. Bischof Petrus von Alexandrien (S. 86, 100) wurde gemeinsam mit Melitios von Lykopolis (Thebais, heute Asyut) für einige Zeit eingesperrt. Dort sahen die beiden, wie andere zur Hinrichtung geführt wurden oder sich zum Opfer bereitfanden. Dadurch scheint unter den Inhaftierten ein Dissens darüber entstanden zu sein, ob opferbereite Kleriker Vergebung erfahren und weiter in ihren Ämtern verbleiben dürften oder nicht, wobei Melitios die härtere, Petrus die mildere Linie vertrat. Petrus erlitt am 26. November 311 mit dreien seiner Priester den Märtyrertod, während Melitios und andere in die Kupferminen von Phaino verbannt wurden und überlebten. Der gelehrte Presbyter Lukian wurde von Antiochien nach Nikomedien gebracht und in Gegenwart Maximins verurteilt, ins Gefängnis geworfen und schließlich am 7. Januar 312 ebenfalls hingerichtet. Auch hochgestellte Frauen fielen der Verfolgung zum Opfer.

Aus der kleinasiatischen Stadt Laodikeia Katakekaumene (Laodicea Combusta in Pisidien, heute Ladik, Türkei) ist uns eine Sarkophaginschrift erhalten, in der der nachmalige Bischof Marcus Iulius Eugenius beschreibt, wie ihn als Mitglied des Stabs des *praeses* von Pisidien, Valerius Diogenes, der Befehl Maximins zum Götteropfer ereilte. Er habe viele und schwere

Qualen erlitten und sei schließlich trotz des kaiserlichen Verbots aus dem Dienst ausgeschieden, ohne seinen Glauben zu kompromittieren.

Gleichwohl scheinen die Auswirkungen dieser neuen Verfolgungswelle relativ gering gewesen zu sein. Jedenfalls kam es im Dezember 312 zu einem erneuten Umschwung: In einem Schreiben an Sabinus ordnete Maximin eine relative Religionsfreiheit und den Schutz der Christen vor Misshandlung an. Damit war auch hier das Schlimmste überstanden. Doch da den Christen das beschlagnahmte Eigentum nicht zurückerstattet und die Abhaltung von Gottesdiensten nicht ausdrücklich erlaubt worden war, reagierten sie nur verhalten.

Die Schlacht an der Milvischen Brücke, die Mailänder Vereinbarung und das Ende der Verfolgungen

Im Westen hatte die Verfolgung zwar großenteils entweder gar nicht stattgefunden oder schon früher aufgehört (S. 86, 93 f.). Aber das galt nicht für alle Gebiete uneingeschränkt. Denn schon seit geraumer Zeit hatte Maxentius, der Sohn Kaiser Maximians, ebenfalls Anspruch auf die Herrschaft über den Westen erhoben. Er kontrollierte seit 307 Italien und Africa. Hier ließen die Verfolgungen zunächst zeitweilig nach, weil Maxentius offenbar versuchte, die christliche Bevölkerung auf seine Seite zu ziehen. Später verschlechterte sich die Situation jedoch wieder, so dass unter anderem Sophronia, die Frau eines römischen Stadtpräfekten (Iunius Flavianus?), im Jahr 311 oder 312 aus Furcht vor Auslieferung durch ihren eigenen Mann den Freitod wählte.

Die unklare politische Situation führte schließlich zur militärischen Konfrontation zwischen Maxentius und Konstantin, der seit 306 die übrigen westlichen Reichsteile kontrollierte. Sie wurde am 28. Oktober 312 in der Schlacht an der Milvischen Brücke vor den Toren Roms durch den Sieg Konstantins und den Tod seines Gegners entschieden. Damit kontrollierte Konstantin den gesamten Westen des Römischen Reiches, was dazu führte, dass sich die Situation für die Christen dort weiter konsolidierte: Der Kaiser versandte ein Schreiben an die Statthalter, in dem er die gefangenen und exilierten Christen amnestierte und eine Restitution christlichen Eigentums anordnete. In einem weiteren Brief an den Prokonsul von Afrika, Anullinus (S. 86; 2. Amtszeit 312–313), wies er diesen an, den kirchlichen Besitz auch in jenen Fällen zurückzuerstatten, in denen er bereits in die Hände von Dritten übergegangen war.

Der Durchbruch für das gesamte Reich folgte dann 313: Im Februar dieses Jahres traf der Westkaiser, der bereits 311 mit Licinius ein Bündnis eingegangen war, mit dem Augustus des Ostens in Mailand zusammen, um die gemeinsamen Interessen abzustimmen. Zu dem Verhandlungspaket gehörte auch die Neuregelung des Umgangs mit den Christen: Die Toleranz gegenüber der christlichen Religion wurde nunmehr auf das gesamte römische Territorium ausgedehnt (sogenanntes Mailänder «Edikt», in Wahrheit wohl eher eine förmliche Vereinbarung zwischen den Kaisern).

Licinius brauchte die Unterstützung Konstantins, weil er mit seinem Unterkaiser Maximinus Daia, der unverändert Ägypten, Syrien und Kleinasien kontrollierte, in eine Konfrontation hineingeraten war, die er militärisch lösen wollte. Der Plan gelang, und Maximinus Daia wurde wohl am 30. April 313 bei Adrianopel (Edirne) geschlagen. Er floh zunächst nach Nikomedien. Dort scheint er gegen die paganen Priester vorgegangen zu sein, deren Orakelsprüche ihn über den Ausgang des Krieges getäuscht hatten. Außerdem erließ er ein Edikt, welches das Toleranzschreiben an Sabinus vom Dezember des Vorjahres bestätigte und dessen ungenügende Umsetzung rügte. Darüber hinaus gestattete er nun ausdrücklich die Abhaltung von Gottesdiensten und den Bau von Kirchen und restituierte Christen konfisziertes Land und Immobilien (etwa Mai 313). Zwei Monate später setzte er in militärisch auswegloser Lage in Tarsos seinem Leben ein Ende.

Licinius war dem flüchtigen Unterkaiser gefolgt. Nach seinem Einzug in Nikomedien veröffentlichte er am 13. Juni 313 im Namen der beiden Augusti ein Schreiben an die Statthalter.

Darin verwies er auf das Zusammentreffen mit Konstantin im Februar und verkündete damit das Ende der Christenverfolgung und eine allgemeine Religionsfreiheit in seinem Reichsteil. Er bestätigte zunächst die bereits von Maximinus Daia kurz zuvor ausgerufene Toleranz und ordnete sodann ebenfalls an, dass Kirchen und andere Immobilien den Christen zurückzugeben seien. In den praktischen Maßnahmen ging er noch darüber hinaus: Entschädigungsforderungen von Dritten, die christliches Eigentum in gutem Glauben erworben hatten, waren an den Statthalter zu richten. Darüber hinaus ließ er die zerstörten Kirchen wieder aufbauen.

Im von Licinius kontrollierten Reichsteil kam es allerdings nach 319 im Zuge zunehmender Spannungen zwischen Ost- und Westreich noch einmal zu einer Aktion gegen Christen bei Hof, die bei Konfiskation ihres Eigentums in die Verbannung geschickt oder versklavt wurden. Außerdem war Bischöfen der Verkehr untereinander nicht mehr erlaubt. Damit wurden Synoden und die Weihe neuer Bischöfe, für die die Mitwirkung von mindestens drei Amtsbrüdern notwendig war, unmöglich gemacht. Christliche Frauen durften nicht mehr am Gottesdienst teilnehmen und nur noch von ihresgleichen, nicht mehr von Männern in der christlichen Lehre unterwiesen werden. Auf einer weiteren Eskalationsstufe durften Gottesdienste überhaupt nur außerhalb der Städte noch auf freiem Feld stattfinden. Auch wurde von Offizieren der Truppen, die mit polizeilichen Aufgaben befasst waren (sog. *stationarii*), erwartet, dass sie das Götteropfer vollzogen; andernfalls wurden sie degradiert. Vielleicht gehört in diesen Zusammenhang ein rätselhaftes Schreiben von 40 zum Tod verurteilten Soldaten aus dem Gefängnis von Sebaste in der Provinz Armenia minor, in dem diese Anweisung gaben, sie trotz ihrer unterschiedlichen Herkunft gemeinsam zu bestatten, und eine Zerstreuung ihrer sterblichen Überreste untersagten. Allerdings ist die Echtheit dieses sogenannten *Testaments der vierzig Märtyrer von Sebaste* umstritten.

Schließlich ließ Licinius mit Hilfe der Provinzstatthalter auch Bischöfe aus dem Weg räumen. Sie wurden verhaftet, verbannt und teilweise ermordet, zerstückelt und ins Meer geworfen. Speziell im Pontus soll es darüber hinaus erneut zur Schließung und Zerstörung von Kirchen gekommen sein, offenbar weil der Kaiser an der Loyalität der lokalen Kirchengemeinden zweifelte.

Endgültige Rechtssicherheit gab es für die Christen auch im Osten des Reiches erst nach Konstantins Sieg über Licinius in der Schlacht von Chrysopolis (heute Üsküdar, ein Stadtteil Istanbuls) am 18. September 324, die dem bisherigen Westkaiser die Alleinherrschaft über das Reich bescherte. Konstantin erließ gesetzliche Regelungen, die die Wiedergutmachung im Westreich auf die Christen des Ostreiches ausdehnten: Exilierte wurden zurückgerufen; Gläubige, denen besondere kommunale Dienstleistungen auferlegt worden waren, wurden davon befreit; wer als Christ Zwangsarbeit in Bergwerken oder in Spinnereien und Webereien hatte leisten müssen, versklavt oder inhaftiert worden war, wurde freigelassen; wer seinen rechtlichen Status verloren hatte, erhielt ihn zurück; degradierte Offiziere konnten ihren ursprünglichen Rang wieder beanspruchen oder wurden ehrenhaft entlassen. Das Eigentum der Märtyrer wurde den rechtmäßigen Erben zurückerstattet oder, falls es keine mehr gab, der Kirche übergeben. Christen, deren Eigentum konfisziert worden war, erhielten es zurück, und zwar auch dann, wenn es inzwischen in andere Hände gelangt war. Ebenso waren den Kirchen Immobilien und Ländereien (einschließlich der Friedhöfe) von ihren neuen Eigentümern unter allen Umständen zurückzugeben, wofür Letztere gegebenenfalls staatliche Entschädigungen erhielten.

8. Spätere Repressionen von Christen im Römischen Reich

Spätestens mit dem Beginn der Alleinherrschaft Konstantins (vgl. dazu Manfred Clauss, Konstantin der Große und seine Zeit, 4. Aufl., 2009, bsr 2042 in dieser Reihe) hörten die Christenverfolgungen im Römischen Reich auf. Allerdings gab es später noch Repressionen gegen *bestimmte Gruppen* von Christen, die man als Schismatiker (Kirchenspalter) oder Häretiker identifiziert hatte. Ein Beispiel wäre die nordafrikanische Sonderkonfession der Donatisten (S. 111 f.), die bis ins 5. Jahrhundert immer wieder ins Visier der Behörden geriet. So wurden im Jahr 316 oder 317 die Kultgebäude der Donatisten infolge eines neuen Edikts beschlagnahmt. Weil sich die donatistischen Gläubigen nicht aus ihren Kirchen vertreiben ließen, gingen die Behörden in Karthago mit Gewalt gegen sie vor: Soldaten drangen in ein Gotteshaus ein und begingen ein Massaker an den Gläubigen, die sich darin aufhielten. Donatistische Bischöfe wurden in die Verbannung geschickt. Ganz ähnliche Maßnahmen ergingen im Sommer 347 unter Kaiser Constans, die wiederum zu gewalttätigen Auseinandersetzungen zwischen Regierungstruppen und Donatisten führten. Letztere haben daher auch die Märtyrerliteratur im 4. Jahrhundert in unveränderter Form fortgeführt (*Martyrien des Maximian und Isaak* sowie *des Bischofs Marculus*, 347). Am 12. Februar 405 erließ Kaiser Honorius ein Unionsedikt, in dem die Donatisten als Häretiker bezeichnet und mit der katholischen Kirche zwangsvereinigt wurden. Da diese Maßnahme immer noch nicht von Erfolg gekrönt war, wurde das Verbot der Donatisten nach einer Religionskonferenz in Karthago am 26. Juni 411 wiederholt und am 30. Januar 412 ein weiteres Unionsedikt publiziert. Infolgedessen existierte der Donatismus anschließend nur noch in vereinzelten Gemeinden.

Ein zweites Beispiel betrifft eine spanische Gruppe von Christen unter Bischof Priscillian von Ávila, deren Lehren im Einzelnen kaum noch rekonstruiert werden können. Sie wurden im Jahr 385 oder 386 von dem Usurpator Maximus in Trier zum Tod verurteilt und hingerichtet.

In diesen Konflikten ist das unveränderte Bemühen der Kaiser um eine einheitliche Religionsausübung zum Wohl des Reiches erkennbar, welches nun auf den innerkirchlichen Raum übertragen wurde. Das erklärt auch, warum sich die Kaiser in die theologischen Kontroversen um die Trinität und die Christologie einmischten, die im 4. und 5. Jahrhundert und noch darüber hinaus Kirche und Reich erschütterten. Damit einher ging eine wachsende Verdrängung und teilweise auch gewaltsame Unterdrückung christlicher Dissidenten («Häretiker»), paganer Kulte und auch des Judentums, da es den Christen zunehmend schwerfiel, sowohl in den eigenen Reihen als auch nach außen hin einen theologischen bzw. religiösen Pluralismus zuzulassen.

9. Spätantike Christenverfolgungen außerhalb des Römischen Reiches

Verfolgungen unter den Goten

Gleichzeitig mit dem Aufstieg innerhalb des Römischen Reiches breitete sich das Christentum vor allem über Handelskontakte auch jenseits der Reichsgrenzen aus. Etwa zur Zeit der Konstantinischen Wende entstanden unter den terwingischen Goten im Gebiet zwischen Donau, Alt und Dnjestr christliche Gemeinden, die sich unter einem eigenen Bischof von Gotien (zunächst Theophilos, um 325; später Wulfila, † 383) im Anschluss an die Reichskirche organisierten. Die enge Bindung an das Römische Reich war wahrscheinlich der Grund dafür, dass diese gotischen Christen in den 340er Jahren unter Druck gerieten, als die Terwingen sich von der römischen Kontrolle zu lösen versuchten. Wulfila scheint dabei erhebliche persönliche Repressalien erlitten zu haben, denn er galt fortan als Bekenner. Den gotischen Christen blieb nichts anderes übrig, als sich in der römischen Provinz Moesia inferior in der Gegend von Nikopolis (heute nahe Veliko Tarnovo, Bulgarien) unmittelbar unter römischen Schutz zu stellen.

Die Ausbreitung des Christentums unter den Terwingen wurde dadurch nicht gestoppt, zumal die Kaiser offenbar auch eine Religionspolitik betrieben, welche durch Christianisierung der Goten eine engere Rombindung herbeizuführen beabsichtigte. Ein von Kaiser Valens geführter Krieg (367–369) blieb ohne Erfolg und endete mit einem Waffenstillstand. Er löste eine zweite Verfolgungswelle in den Jahren 369 bis 372 aus, die von Athanarich, dem Oberhaupt des gotischen Verbandes, angeführt wurde, da die christlichen Goten als Römerfreunde galten und unter Fritigern gegen Athanarich opponierten. Auf Befehl Athanarichs sollen Wagen, auf denen Götterbilder montiert waren, in christliche Dörfer gerollt worden sein, um die Christen zu zwingen, sie anzubeten. Darüber hinaus wurde der Verzehr von Opferfleisch vorgeschrieben. Dabei kam es mindestens in einem Fall zu einem Massaker, als eine Versammlungsstätte, in die sich christliche Familien geflüchtet hatten, in Brand gesteckt wurde. 26 Kleriker, Mönche und Laien sollen ihm zum Opfer gefallen sein. Berühmtester Märtyrer dieser zweiten Phase ist der Missionar Sabas, der zunächst wegen seines Christusbekenntnisses zweimal aus seinem Heimatdorf verbannt worden war. In der Osterwoche 372 wurde er schließlich von Soldaten unter Führung des Fürstensohns Atharid festgenommen und gefoltert. Da Sabas sich weigerte, Opferfleisch zu essen, wurde er schließlich am 12. April 372 in der Buzau, einem Nebenfluss der unteren Donau in Rumänien, ertränkt. Das Gedenken an ihn wurde nicht zuletzt von reichskirchlichen Christen gefördert, die seine Gebeine nach Caesarea in Kappadokien überführten und dort verehrten.

Verfolgungen unter den Sasaniden (Persern)

Auch im persischen Sasanidenreich gerieten Christen, deren Religion als potentiell subversiv angesehen wurde, im 4. Jahrhundert in dem Maß in Bedrängnis, in dem der römische Erzfeind diese Religion förderte. Wie bei den Goten waren auch die antichristlichen Maßnahmen der Sasaniden mitbestimmt durch die wiederkehrenden politischen und militärischen Konfrontationen mit ihren westlichen Nachbarn. Im 3. Jahrhundert war der Zoroastrismus zur Reichsreligion erhoben worden. Dessen Priesterschaft wandte sich zunächst gegen den Manichäismus (S. 82) und unter Großkönig (Schahanschah) Bahram II. (276–293) dann auch gegen andere Religionen, wobei sie zwischen Manichäern und Christen nicht immer unterschieden. Ein erstes

Opfer wurde die junge Christin Candida, eine Kriegsgefangene im Harem Bahrams.

In der ostsyrischen hagiographischen und historischen Überlieferung nimmt dann aber die sogenannte «große Verfolgung» unter Schapur II. (309–379) den breitesten Raum ein, die 340 begonnen und sich bis zu seinem Tod hingezogen haben soll. Über 40 Schriften beschreiben diesen Vorgang. Schapur förderte in besonderer Weise den Zoroastrismus. Schon Konstantin appellierte darum in einem Brief an den Großkönig, die Christen Irans zu respektieren.

Ursache der Gewaltmaßnahmen war die Weigerung des Simon bar Sabbae, des Bischofs von Seleukeia-Ktesiphon am Tigris (heute im Irak), für den Hof eine Sondersteuer, die man Christen auferlegte, einzutreiben. Sie sollte wohl in erster Linie der Finanzierung eines Feldzugs zur Rückeroberung von Nisibis (heute Nusaybin in der Südtürkei) dienen, das im Jahr 299 an die Römer verloren gegangen war. Simon beteuerte seine Loyalität, gab aber an, dass eine Steuererhebung nicht in seine Zuständigkeit als Bischof falle. Dies führte zu seiner Hinrichtung am 17. April 341 und zu einem Pogrom gegen Simon nahestehende Kirchenführer, dem in der Umgebung von Karka d-Ledan im Jahr 344 vier Bischöfe, 97 Priester und Diakone, zwei säkulare Würdenträger und eine Asketin zum Opfer fielen. In den folgenden drei Jahrzehnten kam es offenbar zu weiteren Hinrichtungen von Bischöfen, Priestern und Asketinnen und Asketen in Seleukeia-Ktesiphon und Kaschkar in Südmesopotamien, in Erbil, Kirkuk und Umgebung in Nordmesopotamien und außerdem in Chuzistan. Auch hier beschränkte sich also die Gewalt im Wesentlichen auf Kleriker (zu denen auch die Asketinnen zu zählen sind). Nicht die Christen insgesamt wurden verfolgt, sondern deren Führer. Sie wurden hingerichtet, weil sie sich weigerten, als Mittler zwischen dem Hof und der christlichen Provinzbevölkerung zu fungieren und nicht etwa – wie man früher häufig annahm – als Folge einer Feindschaft der zoroastrischen Priesterschicht. Der Kirchenhistoriker Sozomenos gibt eine Opferzahl von 16 000 Christen an, was freilich eine fiktive Zahl sein dürfte, die jedoch die Brutalität des Vorgehens gegen die Christen anzeigt (*Kirchengeschichte* 2,16). Yazdgird I. (399–420/21) anerkannte schließlich im Jahr 410 in einem Toleranzedikt die Kirche des Ostens.

Dennoch kam es noch unter Yazdgird und dann das ganze 5. Jahrhundert hindurch und noch darüber hinaus zu weiteren Martyrien. Mit der Etablierung einer Kirchenstruktur seit 410 und der Errichtung von Kirchengebäuden erwuchs dem Zoroastrismus eine unmittelbare Konkurrenz, die auch zu christlichen Übergriffen auf traditionelle Tempel führte. Die Großkönige sahen sich daher veranlasst, den zoroastrischen Religionsautoritäten mit entsprechenden Maßnahmen entgegenzukommen. Darüber hinaus führten sie aus unterschiedlichen Gründen Säuberungen bei Hof durch und mussten auf äußere Bedrohungen durch Rom reagieren. Vor allem Yazdgird II. (439–457) verfolgte seit 446 christliche Aristokraten in Kirkuk, um seine Regierung zu stabilisieren. Eine allgemeine Christenverfolgung scheint erst ab 455, wiederum vor allem in Kirkuk, eingesetzt zu haben. Auch als unter Peroz (459–484) die Verfolgungen aufhörten, blieb der Übertritt vom Zoroastrismus zum Christentum immer noch ein todeswürdiges Verbrechen.

Armenien und Georgien

In Armenien, wohin sich das Christentum bereits im 2. und 3. Jahrhundert von Süden (Ostsyrien/Mesopotamien) und Westen (Kappadokien) her ausgebreitet hatte, verfolgte Trdat (Tiridates) IV. (nach anderer Zählung III., 298–330?) die Christen. Auslöser war möglicherweise die Weigerung des in Kappadokien christlich erzogenen Gregor (des später sogenannten «Erleuchters»), der Göttin Anahit zu opfern. Es kam zu zwei antichristlichen Erlassen: Im ersten beauftragte Trdat den Adel seines Reiches damit, für den reibungslosen Vollzug des Kultes der einheimischen Götter zu sorgen und alle Verehrer anderer Götter vor Gericht zu stellen; im zweiten wurde die Bevölkerung aufgefordert, Christen anzuzeigen. Das Vorgehen zeigt gewisse Ähnlichkeiten zur diokletianischen Verfolgung. Daher könnten die tieferen Gründe für das christenfeindliche Vorgehen in der Abhängigkeit Trdats von Galerius liegen. Der Pogrom dauerte etwa zehn Jahre und endete mit der Bekehrung Trdats und der Reichselite zum Christentum durch Gregor, der mittlerweile zum Bischof geweiht worden war, etwa im Jahr 316/317 (Datierungen unsicher).

Ab 363 kam Armenien in den Einflussbereich des Sasanidenreiches. Yazdgird II. (S. 116) versuchte etwa im Jahr 449 den armenischen Adel zu zwingen, den Zoroastrismus anzunehmen. Es folgten Umwidmungen und Zerstörungen von Kirchen durch zoroastrische Priester und Zwangsmaßnahmen gegen christliche Kleriker. Darüber hinaus wurden zoroastrische Bräuche gefördert. Dagegen regte sich gewaltsamer Widerstand (Schlacht von Avarayr, Mai 451), der sich erst legte, nachdem Toleranz gewährt worden war. Dennoch wurden weiterhin armenische Priester ermordet. Seit 482 kam es zu weiteren Erhebungen. Erst drei Jahre später wurde den Armeniern vom Großkönig Balasch (484–488) die Ausübung ihrer Religion zugesichert.

Im Rahmen ihrer Kontrolle über das Reich der Iberer (Georgier) versuchten die Sasaniden in der zweiten Hälfte des 5. Jahrhunderts, auch dieses Gebiet zu iranisieren. In diesem Zusammenhang ereigneten sich dort ebenfalls Martyrien, die für die Religiosität der Georgier bis heute bedeutsam geblieben sind (*Martyrium der Schuschanik*, etwa 466–474). Die Repressionen setzten sich im 6. Jahrhundert fort.

10. Streit um die Buße für den Abfall vom Glauben

Der Abfall zahlreicher Mitglieder vom Christentum in der Verfolgung stellte für die Gemeinden ein massives Problem dar: Zum einen war zu klären, wie diese Apostasie ethisch und dann gegebenenfalls auch disziplinarisch zu bewerten war. Man war sich einig, dass sie eine schwere Sünde darstellte. Aber was hieß das konkret? Sollte sie kirchenrechtliche Konsequenzen, also den Ausschluss aus der Gemeinde, nach sich ziehen und wenn ja, galten diese nur vorübergehend oder unwiderruflich? Falls die Exkommunikation aufgehoben werden konnte, welche Bußleistungen waren dafür zu erbringen?

Zum anderen stellte sich die ganz praktische Schwierigkeit, dass nun Menschen, die standhaft geblieben waren und für ihren Glauben gelitten hatten (die sogenannten «Bekenner» *[confessores]* im Unterschied zu den «Märtyrern», die für ihren Glauben gestorben waren), und solche, die den einfacheren Weg gewählt und abgeschworen hatten, in den Gemeinden nebeneinander lebten. Das führte einerseits zu Spannungen zwischen diesen Gruppen. Andererseits setzten sich Bekenner auch für Apostaten ein, um sie vor Kirchenstrafen zu schützen.

Über diese komplexe Gemengelage erfahren wir am meisten aus römischen und nordafrikanischen Quellen aus der Mitte des 3. Jahrhunderts. Sie zeigen, dass auch der Begriff des «Apostaten» nicht eindeutig war. In Nordafrika unterschied man mehrere Typen von Reaktionen auf das Edikt des Kaisers Decius (S. 68): Es gab Christen, die die kaiserliche Forderung vollständig erfüllt und geopfert hatten («Opferer», *sacrificati, lapsi*). Andere hatten nicht alle Opfer vollzogen, sondern lediglich vor Götterbildern Weihrauchkügelchen *(tus)* gestreut («Weihräucherer», *turificati*). Eine dritte Gruppe hatte die vorgeschriebene Opferbescheinigung *(libellus)* durch Bestechung erkauft, ansonsten aber an paganen kultischen Handlungen nicht teilgenommen («Bescheiniger», *libellatici*). Eine ganz eigene Gruppe stellten schließlich die Christen dar, die vor der Verfolgung geflohen waren.

Auch auf Seiten derer, die standhaft geblieben waren, muss man differenzieren: Von der Unterscheidung zwischen Bekennern und Märtyrern war oben schon die Rede. Daneben gab es aber auch noch eine Gruppe, die in der Verfolgung unbeugsam geblieben, dafür aber nicht bestraft worden war (was darauf hindeutet, dass die kaiserlichen Edikte nicht überall in letzter Konsequenz durchgesetzt wurden). Dies waren die sogenannten «Standhaften» *(stantes)*.

In Karthago nun verteilten einige Bekenner Bescheinigungen,

welche die Versöhnung mit der Kirche garantieren oder doch zumindest in Aussicht stellen sollten. Sie hatten die Erfahrung gemacht, dass die Menschen schon während ihrer Kerkerhaft zu ihnen drängten, um von den christlichen Glaubensathleten Vergebung ihrer Sünden zu erlangen. Schon dies war umstritten: Konnten Bekenner Sünden vergeben? War diese Autorität nicht allein dem Bischof vorbehalten? Manche Bekenner scheinen ihre neu erworbene Macht darüber hinaus dazu benutzt zu haben, unterschiedslos den Kirchenfrieden zu gewähren. Mehrere Priester unterstützten die Bekenner bei ihrem Vorgehen und ließen die Abgefallenen wieder zur Kommunion zu.

Cyprians Hochachtung des Martyriums ging anfangs nicht so weit wie die Tertullians, der es in späteren Jahren abgelehnt hatte, sich der Verfolgung durch Flucht zu entziehen, während der Bischof von Karthago während der decischen Verfolgung in den Untergrund gegangen war (S. 72). Doch war er, was die ethische Vorbildlichkeit der Märtyrer anbetraf, mit Tertullian einer Meinung: Die Nachahmung des Vorbilds Christi führte zur völligen Sündenvergebung und war das höchste Ziel, das ein Mensch auf Erden erreichen konnte. Umgekehrt stellte der Abfall vom Christentum die größtmögliche Sünde dar. Im Übrigen sah er in dem Vorgehen der Bekenner und Priester eine unmittelbare Bedrohung seiner episkopalen Macht, hatte doch bisher allein dem Bischof die Entscheidung darüber zugestanden, ob und wann Sünderinnen und Sünder wieder in die Kirche aufgenommen werden konnten.

Das Problem tauchte bereits während der decischen Verfolgung auf. Cyprian untersagte zunächst die Zulassung von *lapsi* und versuchte, die Lösung des Problems aufzuschieben, bis die Zeiten friedlicher würden und ein Konzil die Frage entscheiden könne. Am Ende gab er jedoch nach und gewährte denen, die über Bescheinigungen der Bekenner verfügten, im Krankheitsfall die Wiederaufnahme. Eine Beichte gegenüber einem Geistlichen mit anschließender Handauflegung sollte dafür genügen. Der nordafrikanische Klerus einigte sich schließlich auf einer Synode in Karthago im Spätsommer 251 darauf, dass bußfertige *libellatici* generell wieder in die Kirchengemeinschaft aufgenommen werden sollten, dass aber denen, die geopfert hatten, nur in Todesgefahr die Kommunion zu gewähren sei. Ähnlich verfuhr man auch in Alexandrien.

Nun mischte sich auch Rom in die Sache ein. Dies war durch den regen Verkehr bedingt, der ohnehin zwischen beiden Städten herrschte. Darüber hinaus hatten viele römische Christen in Nordafrika Zuflucht vor der Verfolgung gesucht, die in Rom besonders heftig gewütet hatte (Martyrium Bischof Fabians, S. 72). Als Sprecher der römischen Gemeinde trat der Presbyter Novatianus auf, der sich zweifellos Hoffnungen auf die Nachfolge des verstorbenen Bischofs machte. Es kam alsbald zum heftigen Konflikt mit Cornelius, seinem Hauptkonkurrenten (S. 74). Beide Kandidaten ließen sich zum Bischof wählen und weihen; damit war die Gemeinde gespalten. In sachlicher Hinsicht bestand die Differenz darin, dass Cornelius die laxere, Novatian die strengere Linie gegenüber den Abgefallenen vertrat: Während Ersterer die Aufnahme nach entsprechender Bußleistung befürwortete, sprach sich Novatian dafür aus, die Abgefallenen für immer auszuschließen und die mögliche Vergebung allein dem Urteil Gottes zu überlassen. Nach einigem Zögern schlug sich Cyprian ebenso wie die meisten anderen Bischöfe auf die Seite des Cornelius, vermutlich auch aufgrund der Einsicht, dass die strenge Linie Novatians zwar konsequent, aber in der Praxis kaum durchzuhalten war.

Angesichts erneuter Bedrohung beschloss zuletzt ein nordafrikanisches Konzil im Mai 252, auch die bußfertigen *sacrificati*, die ja nach der Regelung vom Vorjahr nur bei Todesgefahr wieder zur Kommunion zugelassen werden sollten, ohne Einschränkungen wieder in die Kirche aufzunehmen. Man sah die Gefahr der Verfolgung als so schwerwiegend an, dass alle Christen in Todesgefahr schwebten.

Die Frage blieb aber äußerst strittig. Eine Synode in der spanischen Stadt Elvira entschied wohl zu Beginn des 4. Jahrhunderts, ein Erwachsener, der den Götterbildern geopfert habe, könne unter keinen Umständen wieder in die Kirchengemeinschaft aufgenommen werden. Petrus von Alexandrien (S. 107) unterschied hingegen in einem Brief sehr präzise die unterschiedlichen Fälle – von denen, die schwerst gelitten und dann erst geopfert hatten, über die, welche verschiedene Täuschungen und Tricks angewendet hatten, bis zu denen, die ungerührt dem kaiserlichen Befehl gefolgt waren und darin auch kein Problem sahen. Dementsprechend unterschiedlich fielen für ihn auch die Bußfristen aus: von vierzig Tagen bis zu einer gänzlich unbestimmten Zeit.

Die nordafrikanische Kirche war auch ein halbes Jahrhundert später in diesen Fragen uneins: Hier scheint sich der Konflikt deshalb erneut entzündet zu haben, weil zahlreiche Kleriker die Heilige Schrift den Behörden ausgeliefert hatten *(traditores)*. Insbesondere wurde Bischof Mensurius von Karthago der *traditio* bezichtigt (S. 89). Als er um 309 starb, wurde der Erzdiakon Caecilian zu seinem Nachfolger geweiht, wobei die Weihe von drei Bischöfen vollzogen wurde, die ebenfalls der *traditio* verdächtig waren. Aus diesem und weiteren Gründen kam es gegen die Wahl Caecilians zu starkem Widerstand, den ein gewisser Donatus (* um 270, † um 355) maßgeblich organisierte. Der Vorwurf lautete, bei Caecilians Wahl sei nicht alles mit rechten Dingen zugegangen. Dieser habe außerdem verhindert, dass die Märtyrer im Gefängnis versorgt werden konnten (S. 88). Etwa 310 wurde Caecilian auf einem Konzil von siebzig numidischen Bischöfen abgesetzt und stattdessen ein Lektor namens Maiorinus gewählt, der allerdings schon bald starb und vor Oktober 313 durch Donatus ersetzt wurde. Dadurch war das Schisma auch institutionell manifest.

Donatus blieb Bischof bis ins Jahr 347. Unter seiner Leitung entwickelte sich der Donatismus zur Mehrheitskirche Nordafrikas (S. 112). Die Donatisten vertraten die Auffassung, dass nur solche Sakramente als gültig anzusehen seien, die von einem Priester gespendet wurden, der in der Verfolgung standhaft geblieben war. Bischöfe, die sich kompromittiert hatten, seien hingegen abzusetzen, denn die Schuld eines Bischofs mache die Gebete, durch die er taufe und ordiniere, automatisch wirkungslos. Diese Schuld bedrohe die Identität der wahren Kirche und schaffe eine Art Anti-Kirche. Demgegenüber hielten katholische Theologen wie Augustin daran fest, dass die Wirksamkeit der

Sakramente nicht von der Würdigkeit des Priesters oder der Institution, die er repräsentierte, abhänge, da allein Christus das Heil im Sakrament garantiere.

Noch eine weitere Gruppe rang mit diesen Problemen: In Mittelägypten konstituierte sich unter Bischof Melitios von Lykopolis († 327), der während der diokletianischen Verfolgung zeitweise inhaftiert gewesen und schließlich zu Zwangsarbeit im Bergwerk verurteilt worden war (S. 107), eine kirchliche Partei, die in der Bußfrage ebenfalls eine strenge Auffassung vertrat. Hinzu kamen allerdings auch kirchenpolitische und -rechtliche Faktoren wie die strittige Frage, ob der Bischof von Alexandrien Jurisdiktion über ganz Ägypten habe. Durch die Inhaftierung mehrerer ägyptischer Bischöfe und die Flucht des Bischofs Petrus von Alexandrien in der diokletianischen Verfolgung war in dieser Kirche ein Machtvakuum entstanden (S. 100). In dieser Situation hatte Melitios um 304 gegen heftigen Protest der eingekerkerten Amtsbrüder in der Diözese des Bischofs von Alexandrien Weihen von Priestern und Diakonen vorgenommen. Petrus publizierte nach seiner Rückkehr (306) eine Reihe von Bußkanones, die, wie gesehen (S. 120f.), die Bußfristen für Apostaten an der Schwere der einzelnen Vergehen maßen und insgesamt ein Ausdruck bischöflicher Milde waren. Dadurch kam es zu einer Verschärfung des Konflikts, zur Absetzung des Melitios und schließlich auch hier zu einer veritablen Kirchenspaltung. Die Kirche der Melitianer war dabei in Ober- und Mittelägypten zeitweise die Mehrheitskirche und existierte noch mehrere Jahrhunderte.

11. Schlussbemerkungen

Die Auswirkungen der Christenverfolgungen auf das Selbstverständnis der neuen Religion waren beträchtlich: Unmittelbar mit den ersten Martyrien begann die Verehrung der Opfer der Verfolgungen und führte zu einem Grab- und Reliquienkult, der bis in die Gegenwart hinein anhält und für den hier auf das entsprechende Bändchen von Peter Gemeinhardt (Die Heiligen. Von den frühchristlichen Märtyrern bis zur Gegenwart, 2010, bsr 2498) in dieser Reihe verwiesen werden darf.

Im Rückblick sah man fortan die ersten drei Jahrhunderte der unterdrückten Kirche in scharfem Kontrast zur volkskirchlichen Situation der jeweiligen Gegenwart. Diese Geschichtssicht verdankt sich nicht zuletzt den Zeitzeugen und Chronisten Euseb und Laktanz. Unter Konstantin war das Christentum im Römischen Reich aus der Situation einer marginalisierten und unterdrückten Minderheit herausgetreten und hatte eine bis dahin nicht gekannte Gestaltungsfreiheit erlangt. Die psychologische Wirkung dieser unerwarteten Entwicklung ist in unseren Quellen mit Händen zu greifen. Unter den Christen herrschte das Bewusstsein vor, einen fundamentalen Epochenübergang mitzuerleben, vergleichbar etwa in unseren Tagen mit dem Ende des Zweiten Weltkriegs oder des Kalten Kriegs.

Dieses psychologische Moment ist sicher auch für den panegyrischen Überschwang in Rechnung zu stellen, mit dem die beiden Autoren die Regierung Kaiser Konstantins feierten und dabei zahlreiche problematische Züge seiner Herrschaft gnädig übersahen. Die Einschätzung ihrer paganen Zeitgenossen fiel deutlich skeptischer aus, und tatsächlich wurde im weiteren Verlauf des 4. Jahrhunderts deutlich, dass sich das Blatt um 180 Grad gewendet hatte und für die traditionellen Kulte harte Zeiten angebrochen waren, die schließlich zu ihrem Verbot führten. Spätere Kirchenhistoriker, vor allem im deutschsprachigen

Raum, haben darum von der «Konstantinischen Wende» gesprochen, mit der das «Konstantinische Zeitalter» angebrochen sei. Häufig verband sich damit eine negative Wertung: Gerade Protestanten sahen (und sehen) die neue Zeit gern als Beginn des Niedergangs der Kirche, die durch ein zu enges Verhältnis zur staatlichen Macht korrumpiert worden sei. Man wird sich freilich vor allzu vereinfachenden Aussagen hüten müssen: Die Kultur der jesuanischen Nächstenliebe, die sich der Schwachen ungeachtet ihrer Nationalität, Hautfarbe oder Religion annimmt, war auch in der «siegreichen» oder «triumphierenden» Kirche nicht ausgestorben. Aber es gilt auch: Aus der verfolgten Religion war eine Religion geworden, die sich bis in die Neuzeit schwer damit tat, Menschen anderen Glaubens zu tolerieren. Darin zeigt sich die Zwielichtigkeit aller menschlichen Geschichte, die auch die Kirchengeschichte kennzeichnet.

Literatur

Eine vorzügliche Einführung zur Geschichte des Christentums in den ersten drei Jahrhunderten hat soeben Hartmut Leppin vorgelegt: Die frühen Christen. Von den Anfängen bis Konstantin, München ²2019.

Die wichtigsten Quellenschriften für die Christenverfolgungen sind die Korrespondenz Cyprians, die kirchenhistorischen Werke des Eusebius von Caesarea und die apologetischen Schriften des Laktanz. Sie können in deutscher Übersetzung bequem in den Bänden der «Bibliothek der Kirchenväter» nachgelesen werden, die auch komplett online verfügbar sind: https://www.unifr.ch/bkv/index.htm.

Dort finden sich auch Übersetzungen einiger Märtyrerakten und der Schriften der älteren Apologeten. Neuausgaben von Märtyrerakten enthält: Hans Reinhard Seeliger und Wolfgang Wischmeyer, Märtyrerliteratur. Herausgegeben, eingeleitet, übersetzt und kommentiert von H. R. S. und W. W., Berlin usw. 2015 (Texte und Untersuchungen zur Geschichte der altchristlichen Literatur 172).

Darüber hinaus ist die zweisprachige Quellensammlung von Peter Guyot und Richard Klein, Das frühe Christentum bis zum Ende der Verfolgungen. Eine Dokumentation, Darmstadt 1997, von großem Wert.

Zur heidnischen Kritik am Christentum bietet Robert L. Wilken, Die frühen Christen wie die Römer sie sahen, Graz usw. 1986, einen guten Überblick.

Nützliche Einblicke in die Praxis römischer Strafverfolgung enthält der Begleitband zur Ausstellung des LVR-Archäologischen Parks Xanten/LVR-RömerMuseums «Gefährliches Pflaster. Kriminalität im Römischen Reich», hg. von Marcus Reuter und Romina Schiavone, o. O. (Mainz) 2011 (Xantener Berichte 21).

Die Literatur zu den Christenverfolgungen und zu den einzelnen Kaisern, die damit zu tun hatten, ist uferlos. Aus der deutschsprachigen Forschung ist zu nennen:

Aland, Kurt, Das Verhältnis von Kirche und Staat in der Frühzeit, in: Hildegard Temporini u. a. (Hgg.), Aufstieg und Niedergang der römischen Welt, Teil II, Bd. XXIII/1, Berlin 1979, S. 60–246

Dorbath, Benedikt, Die Logik der Christenverfolgungen durch den Römischen Staat, Diss., Würzburg 2016 (online unter: https://opus.bibliothek.

uni-wuerzburg.de/opus4-wuerzburg/frontdoor/deliver/index/docId/14070/file/Dorbath_Benedikt_Christenverfolgungen.pdf)

Freudenberger, Rudolf / Schäferdiek, Knut, Art. Christenverfolgungen 1 und 2, in: Theologische Realenzyklopädie, Bd. VIII, 1981, S. 23–35

Klein, Richard (Hg.), Das frühe Christentum im römischen Staat, Darmstadt 1971 (Wege der Forschung 267)

Molthagen, Joachim, Der römische Staat und die Christen im zweiten und dritten Jahrhundert, Göttingen 1970 (Hypomnemata 28)

Moreau, Jacques, Die Christenverfolgung im römischen Reich, Berlin 1961 (Aus der Welt der Religion 2)

Schäfke, Werner, Frühchristlicher Widerstand, in: Hildegard Temporini u. a. (Hgg.), Aufstieg und Niedergang der römischen Welt, Teil II, Bd. XXIII/1, Berlin 1979, S. 460–723

Speigl, Jakob, Der römische Staat und die Christen. Staat und Kirche von Domitian bis Commodus, Amsterdam 1970

Stöver, Hans Dieter, Christenverfolgung im römischen Reich. Ihre Hintergründe und Folgen, Düsseldorf / Wien 1982

Vogt, Joseph / Last, Hugh, Art. Christenverfolgung, in: Reallexikon für Antike und Christentum, Bd. II, 1954, Sp. 1159–1228

Wlosok, Antonie, Rom und die Christen. Zur Auseinandersetzung zwischen Christentum und römischem Staat, Stuttgart 1970 (Der altsprachliche Unterricht 13/1)

Wichtige, frei zugängliche Webseiten vor allem für die archäologischen Zeugnisse und den allgemeinhistorischen Hintergrund (z. T. auf Englisch):

http://penelope.uchicago.edu/~grout/encyclopaedia_romana/notaepage.html

http://www.amphi-theatrum.de/

https://www.ancient.eu/

http://www.roman-emperors.org/

http://www.rome101.com/

http://www.theatrum.de/

Zeittafel der Ereignisse während der diokletianischen Verfolgung

Regierungszeiten der Kaiser (vereinfacht)		Auf die Christen bezogene Maßnahmen (Auswahl)	
284–305	Diokletian		
285	Maximian (Herculius) Caesar		
286–305	Diokletian (Augustus Osten), Maximian Herculius (Augustus Westen)		
293	Einführung der Tetrarchie («Viererherrschaft»): Constantius (I.) Chlorus Caesar (= Unterkaiser) für Gallien und Britannien; Galerius Caesar für den Osten.	31.03.302	Reskript gegen die Manichäer
		23.02.303	Zerstörung der Kirche Nikomediens
		24.02.303	1. antichristliches Edikt: Zerstörung von Kirchen, Verbrennung christlicher Schriften, Versammlungsverbot, Repressalien gegen Christen aus der Oberschicht und Angehörige des kaiserlichen Haushalts
		nach Feb. 303	2. Edikt: Inhaftierung aller Kleriker 3. Edikt: Freilassung der Kleriker, die geopfert haben
		Anf. 304	4. Edikt: allgemeines Götteropfer
305–306	Constantius I. (Augustus Westen) Caesar für Italien und Africa: Severus		Einstellung aller Repressalien im Westen
305–311	Galerius (Augustus Osten) Caesar für Ägypten und Syrien: Maximinus Daia	Anf. 306	Maximinus Daia ordnet erneut allg. Götteropfer an.
25.07.306	Tod des Constantius; sein Sohn Konstantin Caesar für Britannien, Gallien und Spanien (faktisch Usurpator, 306–312)		

Regierungszeiten der Kaiser (vereinfacht)		Auf die Christen bezogene Maßnahmen (Auswahl)	
306–307	Severus (Augustus Westen)		
Okt. 306	Putsch des Maxentius (Kontrolle über Italien und Africa Frühj. 307–312)		Nachlassen der Verfolgung unter Maxentius
Sept. 307	Ermordung des Severus		
308–313	Licinius (Augustus, Territorium unklar)	Sommer 308	Nachlassen der Verfolgung im Osten
		Sommer/ Herbst 309	erneute Intensivierung der Pogrome durch Maximin
		30.04.311	Toleranzedikt des Galerius, Konstantin und Licinius
Mai 311	Licinius übernimmt nach dem Tod des Galerius den Balkan, Maximinus Daia zusätzlich Kleinasien.	Mai 311	Bekanntgabe des Toleranzedikts im Gebiet Maximins
		Herbst 311	Wiederaufnahme der Verfolgungen durch Maximin
28.10.312	Schlacht an der Milvischen Brücke; Sieg Konstantins über Maxentius.		
312–324	Konstantin (Augustus im gesamten Westen)		Westen: Amnestie der Christen und Restitution christlichen Eigentums
		Dez. 312	Maximin ordnet Religionsfreiheit und Schutz der Christen vor Misshandlung an.
		Febr. 313	Mailänder Übereinkunft («Mailänder Edikt») zwischen Konstantin und Licinius: Ausdehnung der Toleranz auf das gesamte Reich
30.04.313	Licinius besiegt seinen aufsässigen Caesar Maximinus Daia bei Adrianopel.		
313–324	Licinius (Augustus im gesamten Osten)	Mai 313	Volle Toleranz im Gebiet Maximins († Juli 313)
		13.06.313	Bestätigung der Toleranz für die Untertanen Maximins durch Licinius
		nach 319	erneute antichristliche Maßnahmen unter Licinius
18.09.324	Sieg Konstantins über Licinius bei Chrysopolis		
324–337	Konstantin Alleinherrscher		Toleranz und zunehmende Begünstigung des Christentums